ボスラの遺跡（第二章）　下／画像一部加工

ダマスカスの町（第二章）

ダマスカス市内のレストラン（第二章）

ダマスカス旧市街の教会
（第二章）

ダマスカス市内で見かけたロシア国旗と「軍事警察」の文字がある車

左／マアルーラの修道院の絵
右／戦死した政府軍、ヒズボラ兵士のポスター

パルミラまでの道（第三章）

パルミラの町（第三章）

ホムスの人々（第四章）

ホムス。夕涼みで歩く人々（第四章）

ホムスの廃墟群（第四章）

アレッポ城とアサド大統領の看板（第五章）

アレッポ版の中庭と噴水のある家（第五章）

アレッポのバザール周辺（第五章）

ラタキアの夜の海（第六章）

わたしの旅ブックス
049

罪深きシリア観光旅行

桐島 滋

産業編集センター

はじめに　――シリアは行ける国なのか？

「ところで仕事は何をしているの？」

「え？　あ、私ですか？　えーっと、あの、広告関係みたいな感じです」

「そっか、じゃあ今回の旅も広告のプロである君の目からどう見えるか、教えてもらわないとね」

「いやー、ははは、そ、そうですね。そうできたらいいですね……」

笑顔が引きつらないようにし、話題が変わってほしいと願いながら、後部座席でよいしょと小さく座り直した。

これはどういう状況なのか。

街歩きお見合いデートではない。

団体ツアーのバスの隣の乗客との会話でもない。

私の返事が少しの嘘をはらみ、ややぎこちないのは、この会話が十年以上、戦争の続く中東のシリアで交わされていたからだ。

私は今、古代遺跡を見に行く車の中にいて、観光ガイドとこの会話を交わしていた。これから十日間のシリア旅行が始まるところだった。


簡単に自己紹介をしておこう。

私の職業は厳密には広告業ではない。物書き志願者と言ったほうがいいかもしれない。嘘をついたと言いたくないのは、この仕事も、物事をわかりやすく、あるいは魅力的に伝えることが目的の広告と似ている部分があるかもしれないと思っているからだ。

以前、私は東京で、テレビのドキュメンタリー番組を制作する会社に、数年勤めていた。仕事は面白かったが、行きたいところへ行き、やりたいことをやろうと会社を辞め、前から訪れ、関心のあったある中東の国に留学することにした。中東事情については制作会社時代から映像作品を作ったりもしていた。

留学先はクルド人の暮らす地域だったので、クルド事情や、アラブの民兵事情を見聞きしたり調べたりしていた。その後、アラビア語を本格的に習いたいとレバノンに移住した。レバノンも面白い国で一年半ほど暮らしたのだが、中でも私の心を惹きつけたのは、レバノン人よりも、レバノンに住む「シリア人」だった。

彼らは、二〇一一年以降のシリアでの戦争から逃れてきた人たちだった。彼らから断片的に聞くシリア戦争の話は、私の心に深く残った。

いつか、話を聞かせてくれた人たちの生まれ育った国、でも出ていかざるを得なかったその国に行ってみたいと思うようになった。


しかし、シリアは「ヤバい国」だ。

なんと言っても戦争をしている国である。

民間人だけでも、これまでに三十万人の死者が出ている。難民の数は、多い時で六百七十万人、人口の四分の一が国を離れた計算になる。

イスラム国などイスラム過激派が跋扈していた。

そして、超独裁国家である。

大統領の批判をすれば、どこからともなく秘密警察が現れて、牢屋にぶち込まれてしまうと言われる国だ。十数万人の人たちが牢屋で拘束され、裁判も受けられないまま拷問を受けているという記事も読んだ。

外国人をそう簡単に歓迎してくれる国ではないのだ。


物事は、ひょんなことから始まるものである。

私はレバノンに住んでいた頃、イタリア人ジャーナリストの紹介でアマルというレバノン人女性を通訳に取材をしていた。

私とアマルは取材中の宿泊先で、インド人に出会った。好奇心から私は、

「レバノンでは何しているんですか?」

と声をかけると、マッチョで王様のような口髭をたくわえた彼は、

「僕は旅の動画をあげるYoutuberなんだよ」

と自己紹介した。そして本当はシリアに行きたくてずっと試しているのだが、なかなかビザが降りず、今回は隣のレバノンに来たと教えてくれた。

そこでアマルの目つきが変わった。「私がシリア行きのアレンジをしよう」と買って出た。通訳アマルの本業は観光会社の経営なのだ。ビジネス・チャンスは逃さない。

アマルにそんな頼みごとをする発想は私にはそれまで全くなかったが、うってつけの人物がすぐそばにいたのだ。私もシリアに行きたい——。

実際はコロナによる入国制限の規制などもあって、すぐにはうまくいかず、私はいったん、日本に帰国した。紆余曲折を経て、一年後に、シリア行きの旅が実現したのだ。

今回私が計画した旅行は、ガイドがつきっきりで、事前に選んだ場所だけ行ける旅行である。滞在できるのは、シリア政府がコントロールする地域に限定される。そうでないとビザは降りないように、ここ数年の間になってしまったからだ。シリア政府が、「見せていい」と思うものだけを見られる旅なのである。

自由に見聞きできる旅ではない。

心配なのはこの滞在が、下手をすればシリア政府の宣伝の片棒をかつぐことになってしまうということである。

実際、超有名Youtuberなどもシリア入国を果たして動画配信をし、批判を受けていた。中東での戦争は、「イスラム国」のイメージが強いが、シリア政府も人々を攻撃し、町を破壊し、その犠牲になった人々も数知れない。

Youtuberを案内するガイドや地元の人たちは「イスラム過激派のテロリストがシリアをめちゃくちゃにした」と言い、Youtuberたちもそれをそのまま流していた。「誰がこの破壊を行ったか」を問わずに、あるいは、いかにイスラム国が酷かったかの証言だけで映像を進行させていくのである。

シリアという独裁国家で、彼らも安全に旅を終わらせなければならないので、カメラの前で政権を批判すべきだとは私も思わない。でも後日、編集した映像で、もっと何か含みを持たせることはできなかったのだろうか、とも思う。

それにその「シリアに行く」という行為自体が、すでに問題なのだ。旅行には、ガイド料金を含めてもろもろの経費を払う。人件費やホテル代などが主だが、シリア政府に上納されるお金が何に使われるのかわからない。

では今、シリアに行くべきではないのか。行くべきではないのかもしれない。

しかし、どんなふうに政府は人々を「統治」「支配」しているのか、どのような問題があるのかを知ることにも意味はあると私は思った。

難民やシリア政府に迫害された人たちの取材も、もちろん大事だ。でも、そういう人たちを生み出しているのはどういった社会なのかを知りたい。外からは「酷い」の一言で形容されるような政府が、なぜシリアで持続しているのか。

そして「シリア政府を支持している」という建前で暮らしている人たちは、どんな暮らしをし、難民とはならず、シリア政府のもとで何を感じているのか。もちろん旅行者のような一瞬その国を通りがかる人に、本音を話す人はいない。でも覗き見られるなら試す意味はあるかもしれない。

言い訳が長くなってしまった。というか、私は、シリアに行ってみたかったのである。

罪深きシリア観光旅行　目次

第三章 地方の町々

第四章 オマルの故郷

第五章 アレッポの日常

第六章 さらばマーゼン

第七章 深い哀しみと静かな怒り

シリアでの戦争について、最初に説明しておきたい。

戦争前のシリアは比較的安定した国だった。観光業も盛んで、アラビア語留学の地としても人気だった。国土は広く豊かで、農業から工業まで幅広く営まれていた。

政治に関しては、一九七一年からハフェズ・アサドが大統領となり、彼の率いるバアス党の独裁状態だった。大統領の座は、二〇〇〇年に息子バッシャール・アサドに世襲された。

アサド政権は世俗主義の立場をとっていた。アサドはシーア派の一派アラウィ派だが、多数派のスンニ派や他の少数派であるキリスト教徒、ドゥルーズ教徒をうまくまとめていたとみなす人もいる。一方で実際には、アサド一家や一部の人たちに富や権力が集中していたという点を指摘する人もいる。

二〇一一年に中東各地で自由と民主化を求める「アラブの春」が始まった。チュニジアやエジプトなどで政権交代が起きた。政権が絶大な力を持つシリアでは、当初は難しいだろうとする見方もあったが、革命運動は波及した。アサド政権はこの運動を厳しく弾圧し、取り締まった。政権は、自由と民主化を求めていた人たちをスンニ派の過激派とし、宗派対立の感情が生まれた。

政府の激しい弾圧を受け、次第に反体制運動は武装化していくことになる。この混乱の中で、アルカイダ系やのちのイスラム国など様々なイスラム過激派勢力も力を伸ばした。またクルド人勢力がシリア北東部で力を持つようになった。

さらには外国勢力も、それぞれの利害関係に基づいて介入した。

アメリカなどの欧米諸国は、世俗的で穏健な反体制派を支援しようとしたが、問題は、亡命シリア人が中心で統治能力のない勢力だったり、現場レベルでは比較的穏健な運動からイスラム過激派に人が流れることもあったことだ。湾岸諸国の有力者などが、特定の勢力に金銭的な支援などもしていた。

他方、アサド政権側には、ロシア、イラン、イラクのシーア派民兵、レバノンのヒズボラがつき、空爆を行ったり、地上部隊を送り込んだりもした。

すべてのことに言えるが、とりわけシリアでのこの戦争は、何を正しいデータと考えるか、どう価値判断するかが、立場によって大きく異なる。筆者としての考えもあるが、まずは「旅行者」の目から見たシリアの今をお読みいただければと思う。

●シリア地図

トルコ
シリア
イラク
イラン
エジプト
サウジアラビア

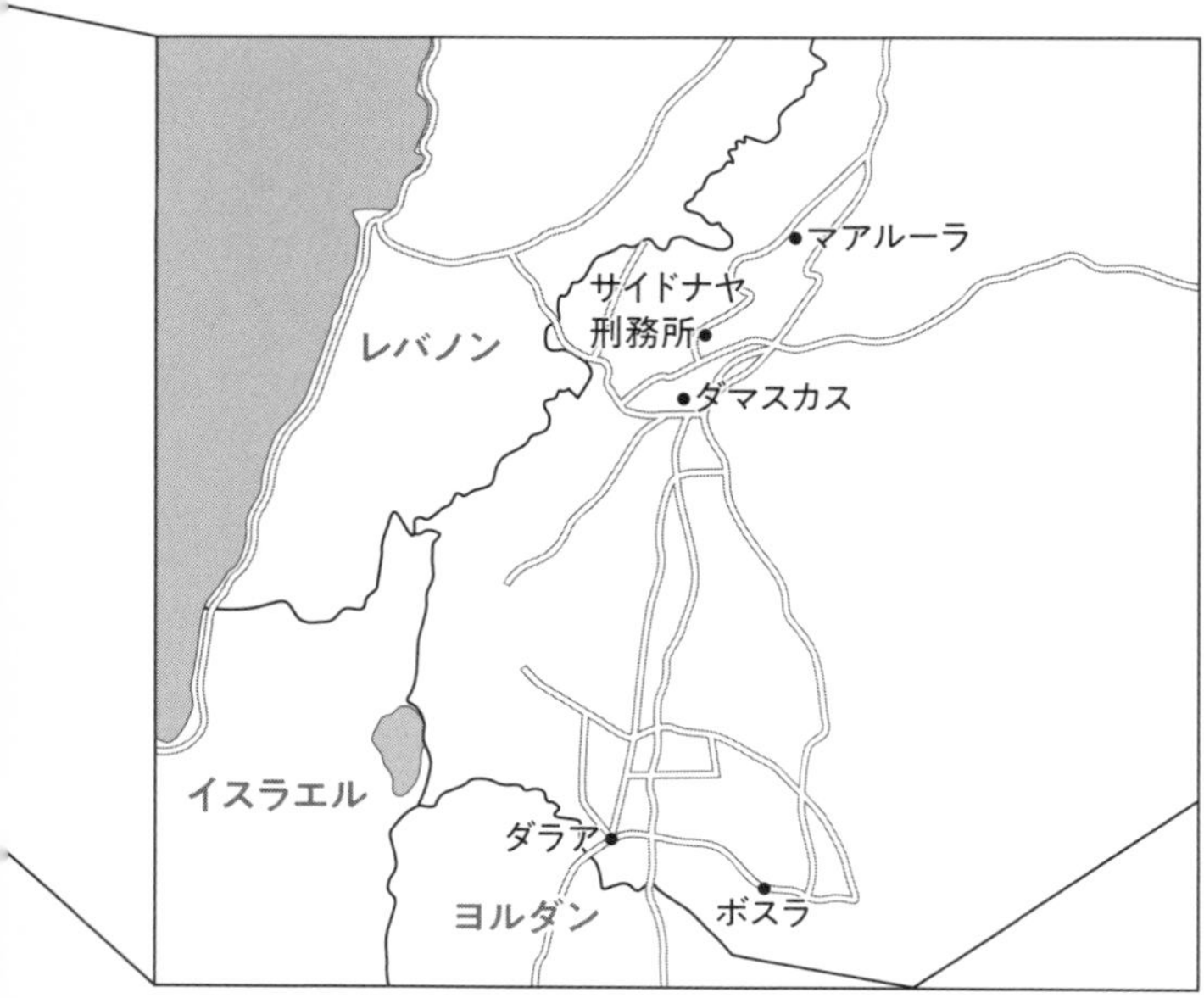
マアルーラ
サイドナヤ
刑務所
レバノン
ダマスカス
イスラエル
ダラア
ボスラ
ヨルダン

●本書に登場する主な都市

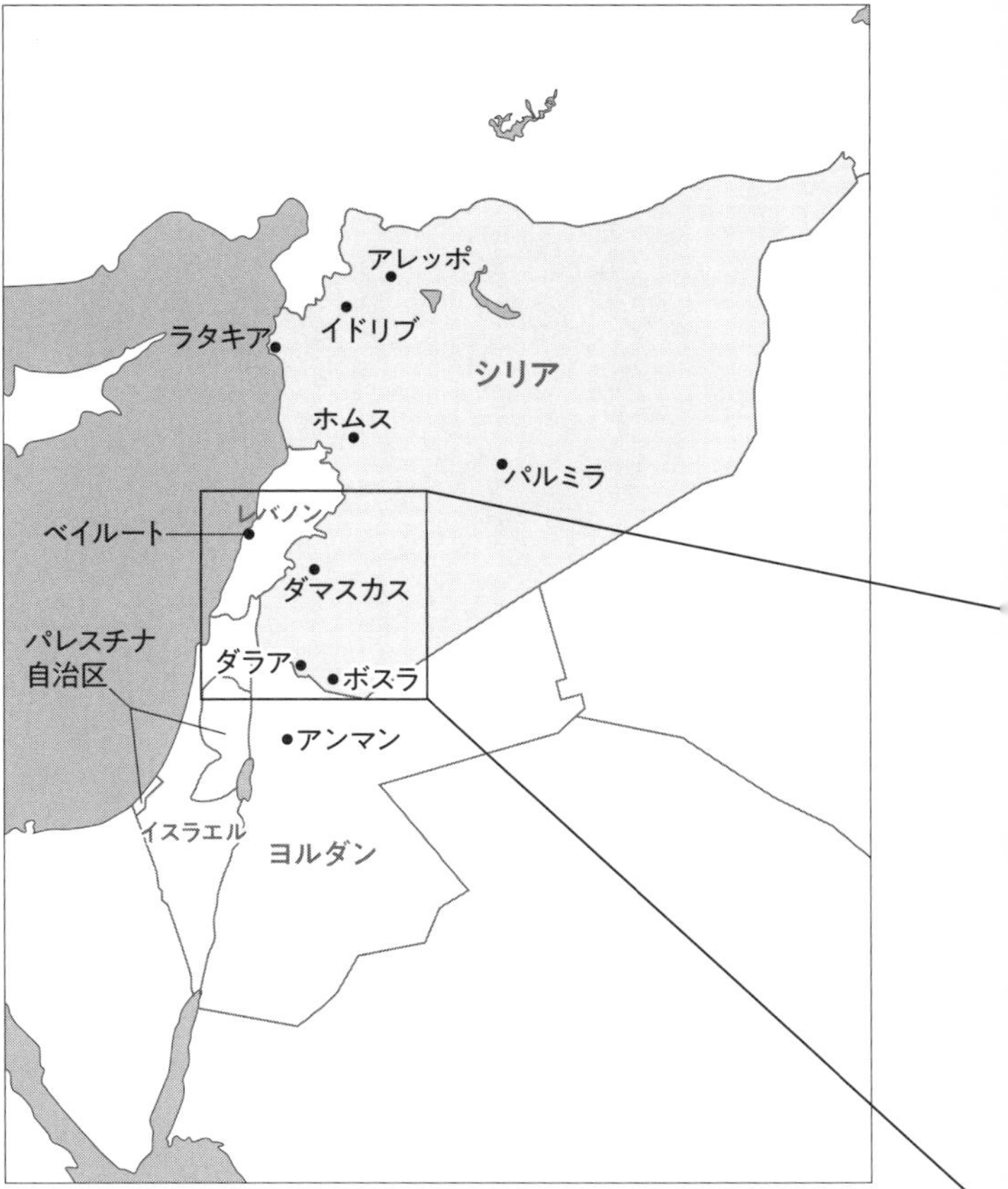

表紙カバー・口絵・本文写真／桐島 滋

※本文中に登場する人物の名前は、
安全を考え仮名を使用した。

第一章

シリアへ

一　レバノンで心構えの伝授

レバノンの首都、ベイルートのラフィク・ハリリ国際空港に到着した。一年ぶりの訪問だ。じめっとした夏の空気に包まれる。日付が変わった真夜中なのに、多くの出迎えの家族が花束を持って、到着口に待ち構えていた。お目当ての人が見つかると走り寄り、かたく抱擁している。ザ・アラブの家族といった感じの愛情表現の豊かさだ。

レバノンに来ることを友達にも伝えなかったので、私には出迎えの人などいない。夜明けまで空港で待とうと決めた私に、しつこい客引き運転手が「タクシー？」と何度も声をかけてくる。

仕方がないので端っこのベンチに座ろうとするも、すでにアフリカ系の女性たちに占領されていた。レバノンでは中流以上の家やレストランの清掃は、アフリカやアジア諸国の出稼ぎ女性たちに頼っていた。レバノンは中東の中でも若干、「お高くとまった」国と言われる。自国民はそういった仕事を敬遠する傾向があるのだ。仕事として尊重されていればいいが、実際には見下されたアフリカ・アジアの労働者がこきつかわれ、ときに給料も払われないということも起きていた。

おそらくここにいる女性たちは、新たにレバノンでの仕事を始めようという人たちなのだろう。「なんでこんな国に来ちゃったのかね。よい雇い主でありますように」と思いながら、遠目に見守る。


朝になってから宿に移動し、昼寝した後、ベイルート市内のアマルのオフィスを訪ねた。

「やー、ついに来たのね。信じられない！　ずっと会いたかったーーー！」

アマルは自分で旅行会社を経営している。二十代の若手社長は、特大のハグで迎えてくれた。切れ長の目に、黒い緩やかなウェーブの髪、白いノースリーブのブラウスからのぞく素肌は若さの特権だ。一年ぶりに会った彼女は、相変わらず見とれてしまう妖麗さだった。

かつては私の通訳として取材を手伝ってくれたアマルが、今回のシリア行きをアレンジしてくれた。今はレバノンに外国人観光客も戻りつつあり、旅行業が忙しく引っ張りだこのよう。はずんだ声で言う。

「私は自分のことを誇りに思うわ！　ようやくあなたをシリアに行くように説得できたんだから」

アマルに説得されて行くことにした、というとやや語弊があるが、私がシリア行きを迷っていたのは事実だ。

実は今回のシリア入りは、二ヶ月間のウクライナ滞在の後、だったのである。二〇二二年、日本にいた私は、ロシアが侵攻して一ヶ月後のウクライナに行き、取材をしていた。避難民の話を聞いたり、自分も砲撃にあったりと、ウクライナの話はし出すと止まらないので、今のところはこのぐらいにとどめておくが、とにかくウクライナにいたのである。

普通なら、いったん日本に帰国して落ち着きたいところだが、航空チケット代も安くはない。さらに言えば、シリアのビザの期限が迫っていた。シリアビザの手続きは時間がかかり、私のウクライナ滞在中にビザが下りたのだ。

ウクライナ滞在中も、レバノンのアマルとやりとりをしていたのだが、だんだんと不安な気持ちが浮上してきた。私のパスポートには、ウクライナ入国のハンコがデカデカと押されていたからだ。

そもそもシリアへは身分をややごまかしての入国だった。

アマルからは、「基本的にはシリア政府は、その人がジャーナリストだとわかれば入国を許可しない」と言われていた。

私は自分の職業欄を書く書類に記入したことはないので、アマルがどうやって申請したのかは知らないし、そもそも職業を記入する書類があるのかもわからない。ただ「ジャーナリストは要注意」と扱われていたのは知っていた。

私は正直、自分のことを「ジャーナリスト」と自己紹介するのが好きではない。「事実を正確に素早く報道して世の中を正す」というよりも、実際に自分がしてきたのは、ダラダラとその地域で時間を過ごしながら、文章や映像として、できるだけ分かりやすく事情を伝えることだったと思っているからだ。でも話が早いので「ジャーナリスト」と自己紹介したことはある。

しかも、ここに来てのロシアによるウクライナ侵攻である。この時期にウクライナに入国する人は、ジャーナリストか人道支援関係者か一部の奇特な人だろう。シリア政府は私を「好ましからざるジャーナリスト」と見てくるかもしれない。急に怖くなり始めたのだ。

問題はただ「ジャーナリスト」であるかだけではない。ロシア政府とシリア政府は、超仲良し国家だ。ロシア軍はシリアのバッシャール・アサド政権を支援するために軍事介入している。アサドと対立する反体制派が強い地域の空爆を、何度も行なっていた。ロシア軍の介入で、一時はかなり追いやられていたアサド政権が復活したほどである。

私はウクライナでのロシア軍の行動を批判する記事を書いていた。

今、シリア政府がどれほどウクライナとロシアのことに関心があるかはわからなかったが、シリアのお友達を批判しているのは確かだった。

入国拒否を受けるくらいならまだましかもしれない。シリアにいる間に捕まってしまったら？　尋問を受け拷問されたら？　本当に無事に帰れるのだろうか？

「独裁国家」と言われる国では、何が起きるかわからない。

アマルにこの不安を伝えると、

「大丈夫よ。考えすぎ。ものすごい有名なジャーナリストもこの前、観光客としてシリア旅行に参加したけど、何もなかったもの。それにもうすでにビザは下りているんだから。あなたが要注意人物ならビザは下りない。ビザが下りたってことは大丈夫ってこと」

すでにシリア行きを果たした旅の先輩、Youtuberのインド人にも相談してみると、

「シリア国内では検問もあるけど、パスポートもほとんどチェックされないよ。楽しんできて！」

と言う。

どうすべきか。

現地の人に自分から話しかけるのは、今回はやめよう。私が困る分には自分の問題だが、私と接触した現地の人たちが「外国人スパイの仲間か」と疑われて、面倒に巻き込まれたらそれこそ申し訳が立たない。以前、中東に詳しい人から「シリア人は大抵、何が危険で、危険じゃないか自分で察知したり、判断している」という話を聞いたこともある。たしかにシリア人はフレンドリーだが、あるライン以上は簡単には踏み越えないし、政治の話には慎重だ。むこうから話しかけてきたら、それは彼らが工作員か何かで情報収集をしたいと思った方がよいだろう。そういう時だけ、気をつけながら、話せば良い。

最終的には、「アマル、行く決意ができたよ！」とメッセージをウクライナから送っていた。だから彼女が説得したというのも、まあ間違いではないのだ。

再会を祝しつつ、アマルのオフィス近くのシャワルマ（肉をロールサンドにした中東の食べ物）屋で一緒に食べながら、シリア出発にあたっていくつかのアドバイスを受けた。

「シリアで怖がることは何もないわ。でも、ガイドのいないところで現地の人に声をかけないほうがいい。あなたはアラビア語がわかるから、余計にスパイだと思われて怪しまれる可能性があるの。

でもね、ガイドには何を聞いてもいいわよ。政治の話や戦争のことを聞いたって別にいいの」

てっきり、政治の話は完全にタブーだと思っていた私は驚いた。

「え？　政治や戦争のことも聞いていいの？」

そう尋ねるとアマルは、

「もちろん！　こういうエリアに来ているのだから、そういうことに関心を持つのは普通だから。まあこの時期にシリアに行こうなんて外国人は、変わった人だからね。でも『アサド大統領についてどう思う？』とかガイド個人の意見を聞いてはダメ」

なるほど、なるほどと、忘れないように自分の頭に刻み込む。あとでよく考えれば、ガイドに意見を聞いたって問題はなかったのかもしれない。「聞くと問題になる」というよりも、「聞かれたくない、知られたくない意見を持っている人もいる」ということなのだろうか。

アマルに旅行代金を払って、レバノンに数日滞在した後、私はヨルダンの首都アンマンへ飛んだ。翌朝、シリア行きの旅がスタートしたのである。

二　シリア入国　ホラーと喜劇

ヨルダンの首都アンマンに飛行機で入り、一泊した翌朝、運転手アブ・マジディがホテルまで迎えに来てくれた。

「やぁ！　どうもどうも！　あんただね！」

やけに陽気なこのおじさんの運転で、ツアーガイドが待つシリア側の国境まで行くことになっていた。アブ・マジディはホテルの受付の男性に話しかけた。

「これからシリアに連れて行くんだよ！　ハハハ！」

シリア行きについてはどんな問題があるかわからないので、限られた人にしか私は話していなかった。口の軽いおやじだなと思いながらも、彼の無防備な感じになぜかホッとした。

アンマンからシリア国境までの道は単調だった。工場や畑のある中を幹線道路が貫いている。暇なのでおやじに話しかけてみる。

「ところで、おじさんはヨルダンの人？　シリアの人？」

「ああ？　私はシリア人だよ」

誇らしそうに言う彼の言葉で、車内がもうシリアの空気になったように感じた。私がこれまで行けなかったシリアと行き来できる人、それだけでなぜか神秘さを感じてしまう。

今度はアブ・マジディが尋ねてきた。

「あなた日本人だっけ？」

「そうですよ」

「戦争前はね、ＪＩＣＡ（国際協力機構）の人がダマスカスにいて、息子のいるサッカーチームの指導をしてくれていたんだよね。ありがたかったねー」

そんな日本との思い出もあるのか。

私はこの旅行に関係するガイドや運転手たちは、みなシリアの「秘密警察」ではないかと思っていた。

秘密警察とは、身分を隠して情報収集し、体制に不満を持つ人や外国のスパイを監視する人たちのこと。その姿はなかなか見えない。露店のコーヒー屋から八百屋のおじさんがそうだということもある。身分を隠している人がほとんどで、副業的に秘密警察の仕事をしているようでもあった。誰でもなれるし、どこにいるかもわからない。友達やご近所さんが秘密警察かもしれない。いわば相互監視社会なのだ。

アブ・マジディも「フレンドリーなドライバー」の仮面を被った秘密警察なのだろうか……。


二時間ほどしてたどり着いたヨルダンとシリアの国境では、トラックや大型バスが並んでいた。国境の出入りは盛んなようだった。

ヨルダン側の出国管理局のエリアに入り、見回すと意外と女性や子どもが多いことに気づいた。シリアに帰省しようという人たちなのだろうか。自家用車も多く、ナンバー・プレートを見ると、「ダラア」や「ダマスカス」とアラビア語で書かれているのが私にもわかった。語学を習うといいことがあるものだ。

別の場所に手続きに行っていたアブ・マジディが戻ってきた。

「はい、あんたはあっちの建物行って手続きしといで！」

ちょっとアラビア語がわかると、扱いが雑になるというデメリットもある。わざとゆっくり歩いていくことにすると、自分の用事を終えたアブ・マジディが追いついてきたのでほっと一安心。

しかし、彼は来ないほうがよかったのかもしれないと、その後すぐに思い直した。悪夢はここから始まったからだ。アブ・マジディのアラブのおやじ魂が炸裂したのである。突然叫び始めたのだ。

「ヤバニーエ（日本人）！　ヤバニーエ（日本人）！」

私のパスポートを振りかざしながら、窓口に突進していったのである。

「ヤバニーエ、ヤバニーエ！　閣下！　この人、日本人です！　日本人！」

唖然とした。窓口の前で列をなす人たちにぐいぐい割り込んでいくのだ。「外国人だから優先しろ」と言いたいのである。

「ヤバニーエ、ヤバニーエ！」

彼の絶叫に、「あら日本人なの」と一歩引いてくれる人もいれば、口には出さないが「だから何だ」という表情の人もいる。ごもっともである。

おやじとしては、列に並ぶのがめんどうくさいので「使えるものはなんでも使う。日本人であることも使う」というスタンスなのである。外国人であるということは、国によっては時に「特権」になる。中東はおもてなし精神の強い国だ。わざわざ来た外国人だから先に順番を譲ってあげよう（いや、アブ・マジディからすれば「譲れ！」）という気持ちがある。そこに付け込むと言うと言葉は悪いが、そういうことなのだ。

こっちは恥ずかしくて仕方ない。「だから何だ」と自分でも思う。しかし、アブ・マジディを止めるのは不可能で、私は、ただ「すみません」という表情でペコペコして歩いた。

アブ・マジディは叫び続けた。

「ヤバニーエ（日本人）！　ヤバニーエ（日本人）！」

おかげで、ヨルダン側の出国手続きが早々に終わった。これがもし他の国籍ならどうだったのだろう。その国籍のせいで軽く扱われることもあるのだろうか。複雑な気持ちである。

今度はシリア側の入国手続きへ。いよいよかの国の入国管理事務所に行く。緊張は高まるが、アブ・マジディのやることはこちらでも同様である。

「ヤバニーエ、ヤバニーエ!」

シリア側の入国管理事務所の担当者も割り込みには慣れているのか、特段、反応もしない。しばらくして草色の制服を着た人がやってきた。私のパスポートを見て、何か指示したようだった。アブ・マジディがいう。

「この人は少佐だよ。ほらほら、ご挨拶とお礼をして」

少佐と目が合った。鋭いまなざしだった。シリア政府軍の軍人である。一瞬のうちに自分のすべてを見透かされたような感じがした。これ以上、目を合わせてはいけない、そんな気持ちになった。

これまで読んだ本や記事が思い出された。シリア軍は拷問を行い、丸腰の人々を攻撃し、また秘密警察を使い緻密な情報網を持つなど、評判が悪い。彼もそんなことをしてきたのだろうか。

さらに言うと、私が今いるシリアとヨルダンの国境は、ドラッグ密輸ルートとして最近、問題になっていた。国境管理をするシリア政府の関与がなければ密輸はできない。カプタゴンという覚醒剤が最近は多く、ヨルダンを経てサウジアラビアまで運ばれていくらしい。

レバノンのシーア派組織ヒズボラやイラン政府も深く関わっているようで、政治的には敵対するサウジアラビアの人々に売りつけて稼ぎ、薬漬けにしてダメージを与えるという魂胆もあるようだった。

挨拶をしろというアブ・マジディの言葉に、なんで私まで媚びへつらわないといけないのかと思いながら、「まずは無事に入国することだ」と思い、アラブ式に胸に手を当て挨拶をすると、軍人は口の端でニヤッと笑った。

ビザ代金の二十五ドルを払って事務所を出た。

後は数百メートルの国境地帯を車で走るだけ。途中、いくつかの検問所がある。

「よ、閣下！　お疲れ様でーす！」

アブ・マジディがわざとらしい愛想笑いを浮かべて毎回、検問所の兵士に挨拶している。

冷めた顔で私は見ていたが、アブ・マジディが差し出した手に何かが握られているのが見えた。お金だった。握手をした瞬間に、アブ・マジディはお金を兵士に渡した。兵士はニヤっと笑うと私たちをさっと通してくれた。

「イエーイ、おカネーーーー！！！！」

すべての検問所を通ると急にアブ・マジディは叫び、アクセルを踏み込み車を飛ばした。一瞬、アブ・マジディが狂ってしまったのかと思った。毎回、賄賂を払い、媚びへつらう自分の状況を笑い飛ばしたかったのか。ちょっと彼がかわいそうになってしまった。

なにはともあれ、シリア入国だ。

第二章

戦下の国

三　遺跡の前のZ

国境エリアのゲートを出たところにあるヤシの木の下に、ガイドのマーゼンはいた。炎天下、ずっと地べたに座って待っていたのだ。

「無事に着いて何よりです。まずはシリアへようこそ」

ガイドが、むさ苦しいおじさんや、ギラギラしたお兄さんだったら嫌だなと思っていたが、マーゼンは実に感じのいいこざっぱりとしたTシャツの紳士だった。かっぷくがよく、いかにもインテリのアラブの男といった感じ。

さっそく最初の目的地、ボスラへと向かうことになる。

「始めに伝えておきたいのは、途中、たくさんの検問所を通ると思うけど、怖がらなくていいということです。安全のためにあるだけだから」

検問所とは道の途中にある兵士がいる関所のようなものだ。身分証明書の提示を求められたり、武器を持っていないか、爆弾を積んでいないか確認されたりすることもある。それほど緊迫した状況でなければ、そのまま通されることも多い。

私は中東の国々やウクライナなどで検問を見慣れていたので、特に何とも思わなくなってしまったが、確かに普通の外国人にしたら軍人にいちいち車を停められて、質問されるのは怖いことなのかもしれない。ここは純粋そうな外国人の質問をしておいたほうがいい。

「やっぱりまだシリアは危険ということですか？」

「全然！　とんでもない！　念の為ということかな」

「シリアは安全」というのが政府の公式見解なのだろう。マーゼンもそう伝えないといけないのか。でも検問についてあらかじめ説明するとは、彼はなかなか気の利く人だ。外の人たちが自分たちをどう見るかを、想像しているのだ。

道中はいたって普通の田舎道だった。「戦争に苦しんだシリア」を想像して緊張していただけに拍子抜け。オリーブの樹の農園やいろんな野菜の畑が広がっている。この地域で戦闘が行われていたとは信じられない。

残念だったのは、ヨルダン国境に近く、今いる場所からも離れていないダラアの町を見逃したことだ。ダラアは二〇一一年のシリアでの民主化を求める運動のきっかけとなった町である。

二〇一一年二月、地元の子どもたちが、「ドクター、次はお前の番だ」という落書きを学校の壁に描いた。ドクターとは眼科医でもあった大統領のバッシャール・アサドのことを意味していた。

その頃、アラブの春と呼ばれる民主化運動がチュニジアやエジプトなど各地で行われていた。シリアの人たちにも影響を与え、変化を求める声が上がり始めていたのだ。

翌日、この落書きをしたとされる子どもたち十五人が治安部隊に拘束され、激しい拷問を受けた。この事態に家族や町の人たちは怒り、シリアでも政治改革を求める動

ヨルダン国境に近いシリアの豊かな土地

きとなり、その後、反政府運動として広がっていったのだ。

私がダラアを見たかったなと考えていると、マーゼンが聞いてきた。

「あなたは普段どんな仕事をされているのですか？」

私が何を考えているかわかるのだろうかと、どきりとしてしまった。普通の自己紹介の質問だとは思うのだが、シリアでは必要以上に警戒してしまう。

一〇〇％の嘘をつくのは無理だと思って、

「私はフリーランスで広告の仕事をしていて、中東の国でアラビア語を学びました」

と説明した。十分怪しいと思うのだが、マーゼンはそれ以上、聞いてはこなかった。


車窓から弾痕がいくつも残る建物が見え始めた。かつて、激しい戦闘がここでもあったのだ。崩れた建物も見える。それ以外は、見た目には田舎の晴れた日ののどかな光景。

「このあたりは農業が盛んなんだよ」

トマトなどの野菜の栽培が行われているらしい。

予想に反して、マーゼンは饒舌でおもしろい情報をくれた。

「このあたりでロシア軍を見かけるかもしれないね。でもこれも怖がらないで。イランと協力してこのあたりにいるだけだから」

まさか、ガイドからロシア軍やイランの部隊の話をしてくるとは思わなかったので、びっくりしてしまった。

シリアには現在、外国の部隊があちこちにいるということはニュースで知っていた。アサド政権と仲のよいロシア、イラン、レバノンのヒズボラの部隊が駐留している。また南東部、それから北東部のクルド人支配地域などにも、アメリカ軍がまだ残っている。またトルコも介入して反体制派の地域に軍事部隊を置いていた。

レバノンにいるシリア難民と以前、話をしていて、「シリアは外国部隊に占領されてしまった！」と怒りをあらわに訴えるのを聞いたことがある。

その時は、私はシリアについてまだよくわかっておらず、本当にシリア全土のあちこちに外国軍がいるのかと半信半疑だった。何事もオーバーに話すアラブ人ならではの話だろうと思っていた。

しかし、マーゼンの言葉に私は自分の偏見を大いに反省した。

お目当てのボスラの遺跡に到着して一番に私の目に飛び込んできたのは、まさに「言ったそばから」だった。ロシア軍の装甲車だったのだ。そこにはくっきりと「Z」の文字が書かれていた。ウクライナへの侵攻で、ロシア国内で戦争を支持するシンボルとなったあの「Z」だ。

つい最近まで自分がウクライナにいたこともあって、衝撃が大きすぎる。この衝撃を誰かに伝えたいのだが、マーゼンに言うわけにもいかないので、そっと飲み込む。

装甲車の周りには、ヘルメットに銃を抱えた若いロシア兵四、五人がいた。彼らの後ろには要塞の美しい姿が見える。晴れた空のもと、何とも不釣り合いな光景だ。鳥がさえずるのも聞こえる。

ロシアのウクライナ侵攻を思うと、あまりにものどかすぎて緊張感がない。無邪気なフリをして、

「ねえ、ロシア兵の写真撮っていい？」

とマーゼンに聞くと、

「だめ」

と即答されてしまった。マーゼンはロシア兵に親しげに挨拶をしていたが、兵士は黙ったままだった。

ボスラの遺跡をマーゼンがくまなく案内してくれた。紀元前から支配者を変えつつ、十三世紀頃まで繁栄した町だ。一九八〇年に世界遺産に登録されている。

マーゼンは考古学をこよなく愛する人だった。きっと歴史好きの人であれば彼の解説をもっと堪能できただろう。大変申し訳ないのだが、私は古代史には疎く、半分も理解できなかった。

ただ、彼のこんな言葉は印象に残った。

「この時代はね、新しい支配者が来ると、前の支配者が使っていたものを少し埋めたり、活用しながらその上に自分たちの町を作っていたんだ。全部壊したりはしないんだ。イスラム教徒の支配者が来た時も、前から住んでいたキリスト教徒をそのまま住まわせていたしね。あの時代のイスラム教徒は破壊をしなかったんだよ」

この話を、現代のイスラム過激派に対する強烈な皮肉を込めて彼は語った。

ボスラにあるローマ劇場の遺跡

ボスラの遺跡

「ダラアとかこの辺りにイスラム過激派が来て、町を壊したんだ。イスラム国とかヌスラ戦線とかいろいろね」

昔の人のほうがよっぽど、他宗教の人と一緒に暮らす方法を知っていたと言いたいようだった。それから彼はこう付け足した。

「あ、だけどイスラム過激派はみんな外部の人（外国人）だけどね」

彼は、問題の根源はすべて「イスラム過激派」であり、かつ「外国人」とみなしているようでもあった。アサド政権の行なった破壊や殺戮は？と言いたかったし、国内からも政権に対する批判の声はたくさんあったはずだ。

とりあえず「問題は外国から持ち込まれたもの」と言っておけば、シリア政府もシリアの国民も批判せずにすみ、安全なポジションを確保できるのだろうか。

遺跡を見回った後、近くの屋外レストランで軽い昼食を食べることにする。庭に入ると、入り口のところでオーナーらしい男性がいた。目があった瞬間、彼が言った。

「もうかりまっか？　ぼちぼちでんな！」

ぎょっとして彼の顔をまじまじと見ると、

「日本人の観光客から教えてもらったんだ！」

と今度は英語で言う。

今では全く想像もできないが、このボスラ遺跡は観光客で大にぎわいだったそうだ。人がぶつかるほどに混んでいたらしい。

しかし、今、このボスラ遺跡は本当にすっからかんだった。遺跡を回っている間にもほとんど誰とも会わなかった。観光客らしい人たちは我々くらいしかいない。要塞の周りのお堀で釣りをしている地元民くらいだ。すべて戦争のせいである。

オーナーの男性は戦闘があった時もずっとボスラにいたらしい。レストランにも砲弾が落ちて穴ぼこだらけになり、修繕しなければならなかったという。

そんな話をしながらオーナーは悲しそうにため息をついていた。

マーゼンとオーナーがアラビア語で盛り上がり始めたので、邪魔をしないようにする。というか現地人同士がどんな会話をするのか聞いてみたかったのだ。

「さっきのロシア兵はどこに行ったの?」

マーゼンが聞いた。先ほどのロシア兵と装甲車は私たちが遺跡を見学している間に、すでに姿を消していたからだ。

「どこかに常駐しているわけではなくて、あちこち移動するんだ」

というようなことをオーナーが答えていた。シリア人といえども、全国のことを把握しているわけではない。マーゼンもこうやって情報を集めているのだろう。

「あそこに座っている人たちは誰?」

レストランの奥のテーブルでは、なんだか柄の悪そうな兵士達がお茶を飲んで駄弁っていた。

「ああ、検問所の人たちだよ。よくここでお茶を飲んでるよ」

国軍兵士と答えているようだったが、私の目にはいかにもゴロツキ的な危なっかしい感じがした。私にも「ニーハオ!」と言って挨拶をしてきた。

マーゼンは、「あんな柄の悪そうなのがウロウロしていたら、観光客にはよくない」と言っているようだった。まあ私も賛成である。こんな仕事をしているくらいだから、マーゼンは体制側の人間なのだろうが、そんなことも言うのかと一人、感心する。

私がアラビア語を少しはわかることは伝えてあったので盗み聞きではないが、シリア人同士での会話をそしらぬ顔をして聞くのは面白い。

マーゼンの政治的思考はどんなものだろうと考えていたが、今晩の宿がある首都ダマスカスへの道中の話には驚かされた。

「そうだ、重信房子が最近、釈放されたよね？　あなたは彼女についてどう思う？」

まさかその名前が、彼の口から出てくるとは思わなかった。

重信房子は日本赤軍の元リーダーだ。日本赤軍は、世界革命とイスラエルに占領されたパレスチナ人との連帯を掲げる過激派組織だ。

日本赤軍は一九七二年にイスラエルのテルアビブ空港で銃乱射事件を起こし、キリスト教の聖地巡礼に来た何の関係もないプエルトリコ人を多数含む二十四人が殺された。重信自身は一九七四年のハーグ・フランス大使館占拠事件を共謀したとして、長い逃亡生活の末、二〇〇〇年に逮捕され、日本で二十年の懲役に服し、二〇二二年五月に釈放されていた。

シリア政府はイスラエル政府と敵対している。シリア政府はパレスチナのいくつかの武装組織を支援しており、重信房子や日本赤軍のメンバーを擁護する立場だった。

おそらくマーゼンがこの話題を話し始めたということは重信房子を支持しているのだろう。

しかし、私としては日本赤軍に何の思い入れもないし、銃撃事件は酷い話だ。多くの一般の人たちが殺されている。パレスチナの人々の状況と、この事件は別の話だ。彼女を支持しないということを言いたくて、

「日本ではあまり背景を理解していない人もいて英雄視している人もいるけれど、私としては多くの人が殺されたから……」

と前置きしつつ話そうとすると、マーゼンが続けた。

「そうだよね、日本ではパレスチナで何が起きたのか理解していない人も多いもんね！彼女は貴重な存在だよね！」

彼は、私の言わんとしたことと逆の意味で解釈した。誤解したのか、あるいは私にこれ以上、批判をさせないためなのか。ここでこの話は終わった。

一体、何だったのか。旅は始まったばかりなのである。

四　ダマスカスの妄想

　ボスラからダマスカスへシリアを北上する道は、意外と単調だった。ところどころ破壊跡が遠くに見えるが、普通の家も建ち並んでいる。しかもソーラーパネルまで見かける。そんな高価なものを買う余裕がシリアの人たちにはあるのか。

「ソーラーパネルは安くはないよ。でもシリアの電力事情は、このところずっとよくないからね」

　マーゼンいわく、経済制裁の影響で発電のための燃料不足が起きている。しかも、ロシアのウクライナ侵攻でさらに深刻になったそう。電気がないと仕事にならない農業経営者などが購入するという。

　二時間ほど走り、いよいよダマスカス市内に入る。

　最初に感じたのは、ダマスカスには緑が多いということだ。街路樹や家で育てた花々が溢れ、町が色鮮やかなのだ。人がずっとここに住みながら町がつくられてきたという生活感がある。

さらに先を行くと、古代ローマ遺跡の門が街中にある。遺跡の前を車がビュンビュン走る開けた場所があったり、その向こうには高いビルが見えたりする。一言で形容するのは、難しい町だ。

見惚れてしまうだけでなく、心がざわつくのは、いたるところにアサド大統領の顔写真の看板があるからだ。先代の父、ハフェズ・アサド前大統領の看板もある。息子バッシャールの時代になってから独裁が和らぎ、インターネットが使用できるようになったり、自由の空気が広がりかけた時期も戦争前にあったと聞いたことがある。

看板にはいろんなバリエーションがあった。アサド大統領がツンとすましたり、マッカーサーがしていそうなサングラス姿をしているものもある。「独裁者」が支配のために自分の姿を街中で見せつけるのは普通なのだろうが、自分のことが本当に好きなんだろうなとか、どういう心境で撮影したんだろう、とつい考えてしまう。

宿のある旧市街のエリアに入ると、ガラリと雰囲気が変わって、古代のシリアにタイムスリップしたみたいだった。アーケードになった古い石造りの市場が現れた。天井は高く、香辛料やお菓子が所狭しと並んでいる。車は人の波にもまれながらノロノロと進み、私は車の窓にへばりついて外の様子を眺めた。これぞアラブの世界だ。

　ダマスカスの町は首都の中では世界最古と言われているだけあって、趣はたしかにすごい。五、六千年の歴史があるという。

　戦闘の傷跡を見ることはほとんどなかった。爆弾テロも過去に街中で起きているが、基本的にはダマスカス中心部の支配権は

ダマスカスで見かけたアサド大統領の看板と街行く人たち

ダマスカス旧市街のバザール

ずっと政権が握っていた。私が見た戦争の破壊跡は一つだけだった。戦争の最中もダマスカスの繁華街では、人が夜遅くまで飲み騒ぐことができたと本で読んだことがある。この状況なら、わずかな時間であれば戦争を忘れようと試みるのかもしれない。

サプライズはさらにあった。

「今回の宿は楽しみにしていていいよ」

マーゼンがもったいぶって言う。車を降りて細い通りをマーゼンについていく。なんでこんな複雑なつくりにしたのだろうと考えながら進むと、突然、視界がひらけた。目の前に大きな噴水のある中庭が現れたのだ。ダマスカス名物の伝統的な中庭のある家だ。おとぎ話の世界のように美しい。

ここが今日、宿泊するホテルだった。周りは歴史を感じさせる、美しい窓のある建物で囲まれている。壁にはツタがからまり、色鮮やかな植物も鉢植えされている。

私が泊まる二階の部屋は、年代物のタンス、大きなベッド、ビーズの装飾の置物があった。これだけでシリアに来た甲斐があったと思ってしまった。

いったんダマスカスの自宅に帰ったマーゼンとは、夜の二十時に再び集合して旧市街地へ繰り出した。

マーゼンが解説してくれる。

「ここは、キリスト教徒、ユダヤ教徒、イスラム教徒二区の四つの区画に分かれているんだよ」

シリアは異なる宗教の人たちが、比較的仲良く暮らしていたことでも有名だった。

夕暮れの中で大きなキリスト教の教会が二つ並んでいる前を通り過ぎた。道は石畳でとても狭いが、人がのんびりと行き来している。面白いのは自転車と電気バイクに乗る人が多いことだ。ガソリン不足の中でこういう乗り物は便利なのだろう。

晩の薄暗い光の中、石畳を歩く靴の音と、人の会話が聞こえてくる。見上げると頭上にはツタを這わせてできた緑のカーテンが日よけとしてある。家から漏れてくる柔らかい光に反射して、なかなか乙なのである。

飲食店や土産物屋に混ざって一般の住居もあった。

マーゼンいわく、このあたりには外見は普通でも、中は驚くほど豪華な家があるらしい。

ある家の主が家の価値をわからず、管理が面倒だからと部屋のいくつかを塞いでしまったことがあったという。しかし、別の持ち主になってから漆喰を剝がしてみると、貴重なアンティーク家具などがどっさり出てきた。旧市街には隠れた財産が眠っているのだ。

旧市街の石畳に石造りの建物の雰囲気を十分堪能すると、別の好奇心も湧いてくる。

「これ何?」

私はいくつもの顔写真のポスターが貼られている壁を指差してマーゼンに聞いてみた。

「ああ、イスラム国と戦って亡くなった殉

緑の日よけのある旧市街の通り

教者の人たちだよ」

マーゼンが答えた。

シリア政府軍の若い男性たちの写真だった。戦闘服を着て、宗教的な言葉も書かれているようだった。

私はそれがシリア軍兵士だとは知っていた。そして単純に「イスラム国と戦って亡くなった兵士」とだけでは説明しきれないこともわかっていた。すでに書いたようにシリア危機は、「シリア政府対イスラム国」という簡単な戦争ではないのだ。

心の中で、「シリア政府軍が戦ったのは本当に『イスラム過激派』や『イスラム国戦闘員』だけ？　一般の市民も犠牲になってませんか」と言いたくなった。だがこの段階でマーゼンと議論してもややこしくなると思い「そうなんだ」とだけ答えておく。

戦死したシリア政府軍側の兵士のポスターが壁に貼られている

彼はすぐに話題を変えたがるだろうと思ったが、予想に反してもう一歩踏み込んだ。

「この中にはレバノンのヒズボラに入った人もいるしね。ヒズボラって知っている？」

もちろん、知っている。お隣の国レバノンのシーア派を基盤にした主要政党の一つだ。軍事組織も持ち、麻薬や武器ビジネスをしているなどと言われ、日米両政府は「テロ組織」として指定している。アサド政権とも繋がりが深い。

なぜ、シリア軍ですらない外国の部隊が戦っているのかという話だ。

そもそも、この混乱と戦争は、シリアを誰がどうやって（独裁か民主主義か）統治するか、という問題として始まった。これに対し、アサド政権は圧倒的な暴力と弾圧で応えた。さらに、欧米諸国、ロシア、イランなども、それぞれの利害関係で各勢力を支援した。欧米諸国は反体制派を支援したが、過激派勢力にも支援が流れてしまい、中途半端な支援となった。一方でロシア、イランはアサド政権を支援した。レバノンのヒズボラもアサド政権に加勢した。

二〇一二年十月からヒズボラの部隊がシリアに秘密裏に送られ、二〇一三年にかけてアサド政権側の主力部隊として参戦していた。

実は私はヒズボラについては、レバノンでいろいろと話を聞いていた。シリアの側からヒズボラがどう見えるか聞いてみたい。

「なんでシリア人が、自国のシリア軍ではなくてヒズボラに入るの？」

できるだけ自然に聞こえるように尋ねた。

「その頃、シリア軍はまだ戦争の準備ができていなかったし、レバノンやイラン、ロシアの助けを借りる必要があったんだ」

マーゼンはシリア軍が弱かったということは認めるのか。たしかに、シリアの政権も軍隊も統制力はあるが、現場レベルの兵士は十分な訓練も行われず、戦闘能力は高くないと言われていた。外国の先鋭部隊の訓練を受ける必要があったのだろう。しかし、かつてシリアはアラブ諸国のリーダーを目指していたはずなのに、マーゼンは自分の国の弱さをそんなふうに説明してしまっていいのか。

この戦争は、いろんな勢力が入り乱れてしまいややこしいのだ。それは抵抗する側の話でも同じである。

始まりとしてはアサド政権の圧政からの変革を求める運動だった。しかし、それが次第にアサド政権が暴力を振るい始めたことで反体制派も武装闘争化した。「反体制派」といっても世俗的なものから、イスラム色が濃いものまでいろいろある。分け方によれば何千もの組織があるらしい。

まず、自由と民主化を求める「自由シリア軍」のような世俗的な組織がある。革命に共鳴し、シリア軍を離れ加わった軍人もいた。ただ途中から一部、組織が腐敗したという問題も聞く。

他にもイスラム主義的な武装組織がたくさんある。ダマスカス近郊では「イスラム軍」、アレッポでは「タウヒード旅団」などある。そしてこれらの組織のほうが、実は自由シリア軍よりも対アサドでの戦闘では活躍していたそうだ。

「イスラム国」や、アルカイダ系の「ヌスラ戦線」のようなテロ組織と認定されているものもある。反アサドということすら特に目標でもない、外国人戦闘員も加わっていた。人心掌握術にすぐれ、初期の頃は残虐性を隠していたため、支持した人もいる。

また考え方でかっちりと所属組織が決まっているわけではなく、組織の間の人の行き来がある。血族単位で、自警団のように成立したものもある。


夕食はマーゼンの知り合いがオーナーのレストランで食べた。

そこはまたもやダマスカスの中庭だった。私が宿にしている場所の中庭より数倍広い。綺麗な洋服を着た老若男女で埋め尽くされ、ワイワイと食事や水タバコを楽しんでいるのだ。この日、三度目の感想を抱く。

「本当にここは戦争をしているシリアなのか」

奥の席にいかにも金持ちそうな三人組がいた。一人がマーゼンの友達のオーナー

ダマスカス市内のレストラン

だった。威厳ある感じで振舞っている。その後、彼は我々の席に来て一緒に水タバコを吸い始めた。二人で盛り上がり私は蚊帳の外だ。

様子が変わったのは、マーゼンがある発言をしたからだ。

「この人は旅のブロガーなんだよ！　このレストランのこと書きたいんだって！」

私は心の中で「あちゃー」と叫んだ。実は渡航前、レバノンの旅行会社のアマルからツアー料金を安くするために現地の代理店に私のことを、「旅ブロガー」として伝えたと聞いていた。

話がややこしくなるのでやめて欲しかったのだが、もう言ってしまったのだから仕方がない。話を合わせておこうと一応、マーゼンにも伝えておいたのだ。するとそれを彼がオーナーに言ってしまったのである。自分の身分はできるだけ曖昧にしておきたかったのに。

しかし、私の気持ちなど知るべくもなく、オーナーの目が今までになく輝き、こう提案してきた。

「そうだ、中庭を見渡せる二階の廊下まで案内するよ」

連れられていくと、上からレストラン全体が見えた。激しい熱気を感じる。ダマスカスの夜はエネルギーに満ちていた。罪悪感を抱くほどに、美しく、活気があり、華やかさで溢れていた。

オーナーは併設されているバーまで案内してくれて、ウェルカム・ドリンクのお酒まで出してくれた。このあたりはキリスト教徒の地区らしくお酒を飲める場所もけっこうあるのだ。

ニコニコしてオーナーが近づいてきた。

「ねえ、facebookかインスタグラムをやっている?」

この時になってようやく私は気づいた。彼は、私が超有名旅ブロガーだと思っているのだ。店の宣伝になると思い、だからこんなにも熱心に案内してくれたのだ。

旅ブロガーだと思われるのはかまわない。旅の記事も書いたことがある。でも問題は私はfacebookやインスタグラムに、ウクライナや、中東のデモの様子などいろんな写真や記事を載せている。いかにも「取材者」といった感じだ。

一応、私にも警戒心はあって、シリア入りの前にfacebookはアカウントを閉じておき、インスタグラムはシリア旅行用に新しいのを作ってあった。ここでこの新しいインスタグラムが役に立つ。

スマホを出しアカウントを教える。

しかし一つ問題があった。オーナーが私のアカウントを見て、硬直したのがわかった。フォロワー二人。

オーナーはその後、引きつった笑顔を見せた。

間違いなく彼はこう考えたに違いない。「フェイクアカウントを使って活動する間抜けな外国人工作員」。あるいは「自分が有名ブロガーだと勘違いしている痛い日本人」。

ダマスカス初めての夜は、オーナーがすでに治安当局に私のことを通報したのではないかと想像し、なかなか寝付けなかった。

五　土産物店で考える「宗派」

次の日は、治安部隊がホテルの外で、私を待ち受けているのではないかと思いながら目覚めたが、そんなことはなく穏やかな朝だった。どうやらシリアに来てから私は、かなり自意識過剰になっているようだ。この「わからないから怯えたり、自主的に行動を抑制する」というのが、支配者にとっては安上がりで、効果的な統治方法でもあるのだろう。

中庭で優雅に鳥のさえずりを聞きながら朝食をとる。

この日は早速、ダマスカス市内観光である。

「おはよう！」

爽やかにマーゼンが現れた。

まずは、教会を見学に行く。すでに書いたとおり、シリアにはキリスト教徒もたくさん住んでいるのだ。

古い石造りの半地下となった教会を訪れた。マーゼンがこの教会や聖人の話を聞かせてくれる。ただ私は申し訳ないが、古代歴史好きでもない上に、建築好きでもない。一人で雰囲気を味わう分には楽しめる気がするが、マーゼンの博識さあふれる英語の解説にだんだん頭が疲れてきた。

つまらなさそうだと感じさせたら悪いなと思いながら、この感情をどうしようかと思い始めたその時だった。血が一気に沸き立った。教会に付属された土産物屋で、シリアとロシア国旗が一緒に描かれた組み木細工の箱が目に入ったのだ。またロシアだ。

こういうプロパガンダチックなものに、私は反応してしまう。街中の看板と同じように、指

ダマスカス旧市街にある教会

導者をわざとらしく称賛するグッズから、政権がどう自分たちを見せたいと思っているのかが想像させられて、興味深いのだ。

よく見ると、他にも、バッシャール・アサド大統領とプーチン大統領の顔が描かれた飾り皿や、ロシアの国旗の色に塗られた魚の形の飾りもある。アサド一人というより、ロシアとセットのものが多い。昨日のボスラの遺跡のロシア兵といい、ウクライナ帰りの私には刺激が強すぎる。

いろいろ聞いてみたいのだが、このロシアの国旗は何?などと聞けば、教会見学ではそれほど質問もしなかったのに、急に元気になってそれこそ「スパイか?」と怪しまれる可能性がある。ここはソフトに目の前にある魚の飾りから聞いてみよう。

「この魚みたいなのには何の意味があるの?」

というか本当に気になっていたのだ。魚の形にしたはんぺんみたいに見える、スベスベ

教会の土産物店にあったプーチンとアサドの飾り皿

に磨かれた木の飾り。包丁で切ったように十片ほどに別れていて、糸で繋げてある。マーゼンが教えてくれた。

「あー、これ？　イエス・キリストが魚をみなで分けたという話があるんだよ。そのシンボルさ。ロシア正教でもこの魚のシンボルをよく見るよ」

マーゼンの口から「ロシア」というキーワードが出た。やや強引だが、これはチャンスである。

「ああ、だからああいうのもあるの？」

そう言って、すかさずアサドとプーチンの写真入りの皿を指さして尋ねてみる。

「あ、あそこにはThank youって書いてある

奥にロシア国旗の色に塗られたキリスト教のシンボルの魚が見える

ね」

わざわざマーゼンは補足してくれる。

「戦争でいろいろ政権を助けてくれているから？」

恐る恐る聞くと、

「んー、っていうより以前からのキリスト教同士の繋がりがあるからかな」

と言う。

見上げると、バッシャール・アサドがこの教会を訪ねた写真や、ローマ教皇と会っている写真もある。

アサド自身はイスラム教のアラウィ派だ。アラウィ派はシーア派の一派とされているが、独自の教えも多いとされる。女性はヒジャーブをせず、見た目には宗教色は濃くない。

シリアの人口はイスラム教のスンニ派が多い。シリア政府は長年、世俗主義、多宗教共生の姿勢をとってきた。自分たちが宗教的マイノリティであるからこそ、国としては宗教面をあまり強調しない手法をとった。一方で、実際にはキリスト教徒やアラウィ派などのマイノリティを優遇し、政権への支持をつないできた側面もある。

情報としては知っていたのだが、アサドとキリスト教の近さを目の前でみると、妙な感慨深さがある。

マーゼンが続けて言う。

「ダマスカスの人たちは宗教が理由で偏見を持ったりはしないよ。誰がどの宗教かなんて気にしないよ」

キリスト教徒らしき売店のお兄さんも「うんうん」とうなずいている。

教会を出た後に、マーゼン自身の宗教について聞いてみた。

「イスラム教徒だよ」

「宗派は?」

「スンニ派。あ、でもスンニ派とかシーア派とか関係ないよ」

やっぱりこの線は崩せないらしい。

先ほど書いたように、アサド政権の支持者は、マイノリティであるアラウィ派やドゥルーズ教徒、キリスト教徒が多いとされていた。ただそこに「裕福なスンニ派」も含まれているといわれている。ビジネスにおいては便宜を図られているからだ。マーゼンもこの

「裕福なスンニ派」に入るのだろう。こんな政府系のガイドの仕事をしているのだから、やや体制派の人間であることも想像がつく。

では、世俗主義や多宗教共生の話は、政権が支配するための手段にすぎず、建前なのかという疑問が湧く。

話はそう単純ではない。

政権の意図とは別に、世俗主義的な考えは普通の人々の意識にも根づいていた。政府が特定の宗派を優遇していたとしても、宗派間の問題はないという一般人は、意外とたくさんいるのである。

隣国レバノンで私が会ったシリア難民には、アサド政権の迫害から逃れてきた人たちも多かった。

そんな彼らでも、「戦争前のシリアでは宗教は問題じゃなかった」「みな一緒に暮らしていた」と話す。多数派であるスンニ派はもちろん、ドゥルーズ派、アラウィ派の人からもそんな話を聞いた。

しかし、今回の戦争が人々の意識を変えてしまった。

すでに何度も書いたが、シリアでの戦争の始まりは、「独裁政権に対する人々の抗議・変化を求める運動」だった。

しかし、政権はこれを「イスラム過激派のテロリストに対抗する戦い」と異なる説明をした。「自由と民主化を求める人たち」を「テロリスト」扱いしたのだ。

ただややこしいのは、実際にイスラム過激主義の人たちも出てきていたことだ。外国から来た戦闘員もいた。政権が戦争初期の段階で、混乱を狙ってか、意図的に過激派の囚人を釈放もしていた。

不安定化する情勢の中で、少数派の間ではアサド政権の「この戦争はスンニ派のイスラム過激派が起こした」という説明が一気に広まった。政権がそう仕向けた側面もある。シリアに限らず少数派なら持ちうる、わずかにあった不安を刺激したのだ。

戦争が始まって十年経っているシリアで、今でもマーゼンは、「シリアは多宗教共生」と言う。

「戦争で宗教事情もだいぶ変わったんじゃない？」

思い切って聞いてみると、ゆっくり、はっきりとマーゼンが返事した。

「イエス」

マーゼンは続けた。

「でもレバノンほど深刻じゃないよ。『あの宗教は嫌い』とかはないよ」

たしかにレバノンの宗教事情はもっと繊細だ。でも彼の発言は、シリアは前と同じではないことも認めている。

「シリアは元の感じにまで戻れると思う？」

そう尋ねると、

「うーん、すごーく時間はかかると思うけどね」

マーゼンは静かに返事した。やや悲観的な思いが垣間見えた気がした。

戦争が人々の考え方を変えてしまったのは確かなのだ。長年、様々な宗教の人たちが一緒に暮らしてきた。長い時間をかけてできたものだ。それはアサド政権のいい面だったと言う必要があるのかわからないが、人々が生活の中で築いてきたものではあった。

でも壊すのは一瞬。立て直すのには膨大な時間がかかる。そして、人々はかつて共に暮らしていた記憶も忘れずに抱いている。

第二章
地方の町々

六　サイドナヤ刑務所

午前八時、ダマスカスの宿を出発する。今日からは地方の町々を訪ねる予定だ。首都よりも地方のほうが、その国の矛盾や歪みが見えてくることが多い。中央からの締め付けが少ない分、有象無象の輩がいる可能性もあったし、人々の自然な生活を見られるのではないかという期待もあった。シリアをより深く見て、聞くチャンスだ。

しかし、初めから私の計画はうまくいかなかった。

「僕は今日から助手席じゃなくて、あなたの隣の後部座席に座るよ。助手席に座って振り返りながら喋るより、説明しやすいからね。あ、もちろん、嫌じゃなければだけれど」

親切心からだというのはわかっている。もちろん、嫌とは言いづらい。

ふつう中東の国では、男性は、運転手に対してタクシーなどでも「使用人じゃないよ、友人だよ」という敬意の意味を込めて助手席に座る。その不文律を破って、私に解説するために隣に座ろうとしてくれたのだ。

しかし、こちらとしては、こっそり写真を撮りまくろうと思っていた計画に、軌道修正が必要になった。私は時々、アサドの看板や空爆跡などを撮影したいと思っていた。写真を撮るなとは言われていないけれども、また外国人スパイと思われそうなので、撮っているところをあまり見られたくはない。監視されているようでやりづらい。

ここからは、新しい運転手と車だった。ヨルダンから運転してくれたアブ・マジディはお役御免となっていた。検問所で兵士に「この子、日本人だよ！」とペラペラしゃべり、マーゼンに「聞かれたこと以外、言わなくていいから」と注意されていた。政府側の人間であろうマーゼンも、検問所の兵士と厄介事は起こしたくないと思っているようだった。「アブ・マジディは秘密警察かも」と疑っていたが、あまりにも純粋で、この仕事向きではなかったのだろう。

新しい運転手のフィデーとは昨日も一度、会っていた。その姿を見た時は、大きな目に大きな頭なのに、体つきは細くて先月まで刑務所にいたんじゃないかと思えるほどひょろひょろしていた。

私は「この人は反体制派の疑いをかけられて、数年間刑務所で暮らし、しかし、アサドに忠誠を誓うと宣誓して数年ぶりに出てきた」という物語を真剣に想像してしまった。

マーゼンとは、昔から観光関係の仕事で知り合いだったらしい。私がフィデーに下手なアラビア語で、

「初めまして」

と言うと、恥ずかしそうに笑った。


車は郊外へと向かう。人々の格好は、旧市街のあたりでみかけた小洒落た装いとは違い、庶民的だ。

「このあたりは野菜市場だよ」

マーゼンの言葉をきっかけにシリアの農業事情に話題が移る。

「シリアは以前は小麦の生産大国だったんだよ」

「『だった』って言うのは、今は違うってこと?」

「クルド人地域で栽培が盛んだったんだけど、誰かが小麦の畑を燃やしたんだ」

この話については私も以前、聞いたことがあった。記憶を辿りながら聞いてみる。

「えーっと、誰かってイスラム国ってこと？」

「火をつけたのはイスラム国だって言う人もいるし、政府だって言う人もいるし、クルド人武装勢力だって言う人もいるし」

この小麦畑放火事件とは、犯人がはっきりしないというのがミソな事件だった。アメリカ政府が命令したという政権側の報道まである。

シリアの北東部は現在、クルド人勢力が実効支配している。シリア危機が始まって以降、イスラム国に対抗して戦う過程で北東部で力を持つようになった。アサド政権も「敵の敵は味方」という論理で、クルド人勢力とは相互不干渉の形で協力していた。しかし、アサド政権が想定していた以上にクルド人勢力は力を持ってしまい、緊張関係が生まれていた。

この小麦畑放火事件に関しては、イスラム国がやったという説に従えば、穀物収穫量を減らしてシリア国内を窮地に追い込むという目的でなされたこととされた。あるいはシリア政府がやったとする説では、政府の自作自演なのだが、イスラム国のせいにして彼らの脅威はまだあると宣伝し、だからシリア政府には頑張ってもらわないといけないという世論をつくるためのものだとされた。クルド人武装勢力だと言う人は小麦の価格を釣り上げるためだとされた。

私がここで、「あれ?」と思ったのは、マーゼンは「イスラム国が犯人」と言い切らなかったことだ。アサドを支持する人物だったらそう言ってしかるべきだろう。

マーゼンがかなり知的な人物であることは、ここ数日一緒に過ごしてわかってきた。ただ頭がいいというのではなく、学者的な頭のよさというか、性格なのだ。政治的な立場はあるが、事実かどうかわからない話をするのは生理的に受け付けないようだった。

昨日もダマスカスで、ある爆殺されたイスラム教の法学者の墓を見学した際、犯人は「イスラム国と言う人もいるし、政府がやったと言う人もいる」と説明してくれた。政府が主張する説（イスラム国犯人説）だけを言うことだってできたのに、マーゼンは別の説までわざわざ教えてくれていた。

マーゼンは発言しても問題にならないギリギリのところで、私にシリアのことを教えようとしてくれているのかもしれない。

いずれにしても、小麦が燃やされて何もいいことはない。

「本当、燃やしてもいいことないのにね」

と言うと、マーゼンは
「イエス」
と力強く答えた。

この日の私の目的は、車窓からある風景を撮影することだった。「サイドナヤ刑務所」だ。ダマスカス郊外のこれから向かうキリスト教徒の村の道中にある。正直に言うと、このサイドナヤ刑務所を見たいがために、キリスト教徒の村に行く計画を立てたも同然だった。

なぜそこまでして刑務所が見たいのか。

サイドナヤ刑務所は、シリア国内で最も凄惨で残忍な刑務所として知られている。Syrian Network for Human Rights（SNHR）によるとシリアでは現在十二万人以上の人たちが「強制失踪」と言われる状態にある。強制失踪とは、何者かに誘拐され、生死のわからないままにさせられることだ。その八六％がアサド政権によるものとされ、刑務所という名の強制収容所で拷問を受けている。

シリア人の刑務所職員のカメラマン（通称シーザー）が、命がけで、拷問死した囚人たちを写した五万枚以上の写真を秘密裏にアメリカへ持ち出し、議会で証言したことで大きく報道もされた。写真には骨と皮だけになって横たわる人々のいくつもの遺体があった。

これがきっかけで「シーザー法」と言われる、アメリカのシリアに対する制裁を科す法律ができたほどだ。

強制収容所での拷問は組織的なものだった。拘禁者たちは番号をつけられ、ある報告書によると七十二もの方法で拷問が行われているという。

例えばタイヤの中に体を二つ折りにして入れられ棒で叩かれる、椅子に身体を縛られて背骨を折られる、電気ショック、性器の切断、同じ拘禁者仲間の死体が入った食事を食べさせられるなどだ。

政府の言い分としては彼らは「テロリスト」なのであろうが、テロの容疑であってもそんな扱いを受けていいわけではないし、反対政府運動を手伝った、あるいは誰かの密告で入れられたなど全く関係のない人たちも大勢収容されていた。十年以上そこに何の理由もなく拘束され続けているであろう人たちもいる。

今回の滞在で、もちろんサイドナヤ刑務所に立ち寄ることなどできないが、まずは一目見てみたかったのだ。

マーゼンとお喋りをしている間に、ダマスカスを抜け、何の変哲もない家や店がところどころにある郊外に来た。次第に建物さえなくなり、左右にでこぼこした乾いた大地が広がる。時々工場のような建物が見える。事前に何度も見た地図を思い出しながら、近くまで来ているのはわかった。ちょっと用事があればダマスカスと行き来できる便利な場所でもあるのだろう。

黙って車窓を見ていると、ちょうどマーゼンが座っている側の窓から、一つ高くなった小山に大きな建物が見えた。ピンと来た。サイドナヤ刑務所は、中央から全ての棟が監視できるように、三つの棟が伸びていると人権団体の報告書で読んだ記憶がある。離れているのでよくわからないが、まさにその形に見える。できるだけ普通を装って、マーゼンに聞いてみた。

「あれ何?」

「刑務所」

マーゼンは驚くほど感情を込めずに言った。スマホのレンズをマーゼン越しに建物に向けた。

「写真は撮れないよ。軍事関係だから」

マーゼンにすかさず止められてしまった。すっとぼけて、

「あれ、刑務所って軍事関係？」

と聞くと、「その周りを守っているのは軍だから」と言う。おとなしく引き下がることにした。

やっぱりサイドナヤ刑務所だったのだ。あまりにもありふれた郊外にあることがショックだった。

途中の道では、雑貨屋でお菓子が売られているのも見た。ヒジャーブをした女性が運転している車ともすれ違った。これから私たちがキリスト教の村に行くように、郊外にピクニックに行く人たちもこの道を通るのだろう。

一方で、そんな場所の近くにこの世の地獄のような刑務所があるのだ。数百メートルの距離に死と恐怖に苦しめられている人がいる。

でも、私はただ眺めて通り過ぎるだけだ。私はマーゼンに変に思われない様に、適当な建物を指差して「あれ何？」と再び聞いてみた。

「工場だよ」

と教えられ、カメラに収めた。

七　キリスト教徒の村とロシア兵

その後、我々は進路を北にとった。左手にはグランドキャニオンのような岩の壁、アンチ・レバノン山脈が並走している。この向こう側はレバノンだ。レバノンのヒズボラはこの山を乗り越えて来たのだろうか。

この先には、キリスト教徒の町、マアルーラがある。

キリスト教というと西洋のイメージが強いが、本場は中東なのである。

例えばマアルーラでは、イエス・キリス

アンチ・レバノン山脈

トが話していたとされるアラム語を、今も話している人たちが暮らしている。アラム語は今、消滅の危機にある言語の一つでもある。

マアルーラは、二〇一三年にアルカイダ系の過激派組織、ヌスラ戦線に占拠された。ヌスラ戦線は修道女十三人とメイド三人を三ヶ月にわたって人質にしていたという。

ヌスラ戦線とイスラム国は、シリアで対立して袂を分かったが、もとは同じ集団だった。兵士レベルでは行き来があったとされる。

二〇一四年四月にシリア政府軍やヒズボラによってマアールラは解放された。しかし、シリア全土ではその後も戦争は続き、住民の帰還は長らく進んでいなかった。アラム語だけでなく、昔からのキリスト教徒の文化や生活もいわば危機に瀕していたのである。

私たちが到着して最初に目にしたのは、ボロボロに破壊しつくされたホテルの残骸だった。

「ここは四つ星ホテルがあったんだよ。でもヌスラ戦線が拠点にしていたんだ」

マーゼンがそう教えてくれる。

かつてはこのホテルに世界中からキリスト教徒が訪れ、滞在していたのだろう。

ホテルの前には綺麗な修道院と食堂が並んで建っている。ここも戦争で破壊されていたそうだが、最近になって修繕したという。

食堂の店主に話を聞くと、

「戦争中は町のほとんどの人がここから出ていったよ。自分もその一人だったけれど最近、村に戻ってきたんだ。店を建て直してやり始めようと思っていたところでコロナが始まったんだよ」

と、教えてくれた。

私はアサド政権の批判をここまで多く書いてきたが、イスラム過激派勢力もまた酷かったのも一つの事実なのだ。

しかも、住民にとっては、ようやく商売を始めようとしたところで、コロナ禍なのである。先が見えない中での生活なのだ。


修道院の中を見学させてもらう。普段は修道士の男性が案内してくれるそうだが、今日は別のお客さんがいるということで、すでに概要を知っているマーゼンが案内してくれた。

建物の内部は修復されていた。戦争中、イスラム過激派は中をめちゃくちゃに破壊し、キリスト教絵画を盗んでいったという。

「ここにあるのはレプリカだよ。本物はヌスラ戦線に持ち去られた。この意味わかる？もしイスラム過激派が教義に従って偶像崇拝が許せないというなら、絵を破壊したはずなんだ。でもそうじゃなくて売るために持っていったんだ。最初から彼らがしていることは、イスラム教とは関係ないんだよ。全部お金のため」

マーゼンが怒りを抑えられないように話す。彼は見た目は世俗的だが、普段はお祈りもきっちりするイスラム教徒だ。彼自身は、イスラム教の教えを「偶像崇拝はダメだから絵はダメ」と解釈しない。しかし、たとえそう解釈するイスラム教徒がいるという前提に立ったとしても、イスラム国の行為は、イスラム教からは説明がつかないと言いたいのだ。

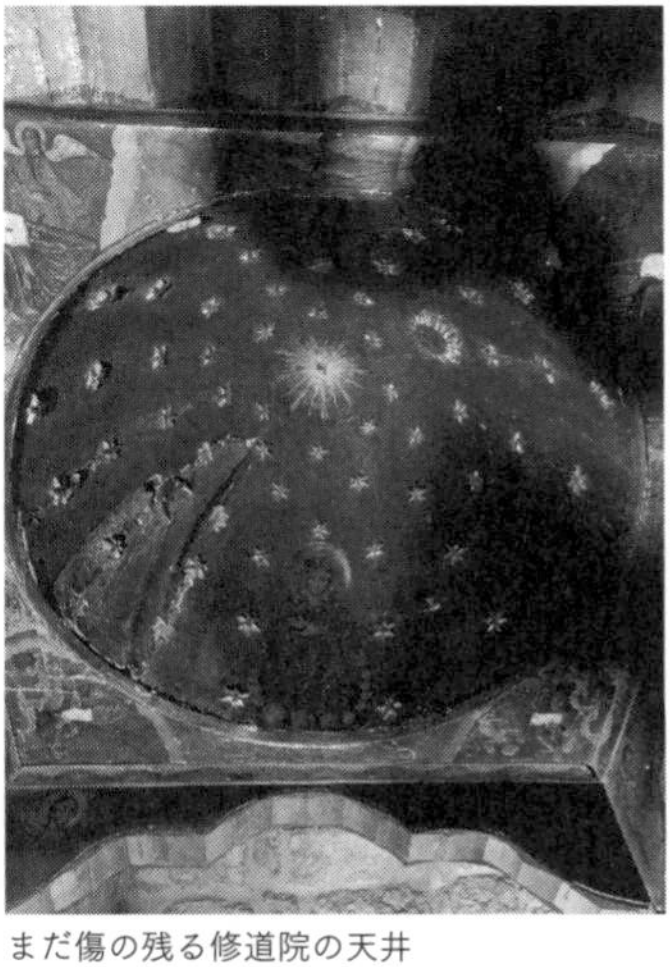
まだ傷の残る修道院の天井

破壊直後の様子を映した映像が修道院内のモニターで流れていた。ススだらけになり、椅子はバラバラにされていた。

修道院で働く女性が、アラム語のお祈りを聞かせてくれた。意味はわからないけれども、優しい調べが修道院の壁に反響してより厳かに聞こえる。

キリスト教徒という少数派で、しかも都会からやや離れた町に住む人たちだ。お互い助け合い、結束をつくることで生きてきたのだろう。

修道院内には土産物屋さんがあったので、少しでも修道院の収入になればとポストカードを買うことにした。きっと数円の儲けにしかならないのだろう。ホッとしたことに、ここにはアサドの写真はなかった。どれにしようかと考えながら選んでいる時のことだった。

「%&s$・#＊～」

聞きなれない言語だった。振り返ってみるとそこにいたのは、私のシリア滞在初日からチラチラと視界に入ってくる、あの存在だった。ロシア兵だ。

迷彩服にヘルメットをかぶった若い白人の兵士たち四、五人が入ってきたところだった。

「おおー」と声が出そうになるのを必死で止める。兵士たちはもの珍しそうに土産を見ている。観光をする兵士か。防弾チョッキにヘルメット、いかめしい格好で教会にいる。ものすごく不釣り合いだ。

お店の綺麗なお姉さんが、特産品のワインを兵士に勧めている。横目でチラチラ見てみる。兵士の一人が試飲のカップを手にとりかけたその時、

「+?!&%$#、*」

別の兵士が出入り口から顔を覗かせて何か言った。数言やりとりすると、あっという間に兵士はみな出て行った。横でマーゼンが笑いを噛み殺している。実はマーゼンはロシア語がわかるのだ。何を話していたのかと聞いてみると、

「兵士はワインを飲もうとしたんだけど、他の兵士に『ダメダメ、仕事が終わってから!』って言われていたんだ」

まあ、ロシア兵にしたらワインなんてジュースなんじゃないかと思うが、やはり任務中の飲酒は禁止なのか。

それにしても彼らはここで一体、何をしているのか。

その後も兵士たちは修道院の中を行ったり来たりしていて、修道士の男性が案内をしていた。この訪問客のために彼は忙しかったのだ。

修道院の外にロシア語とアラビア語の通訳がいた。マーゼンが話しかけて、また情報収拾している。

マーゼンに尋ねてみた。

「ねえ、ロシア兵はここで何をしているの？」

「んー別に。休暇だから教会を訪問しているだけさ」

腑に落ちない。さっきは仕事中だからワインは飲めないと説明してくれたばかりじゃないか。それに休暇で迷彩服を着る必要はあるのか。

見学中にマーゼンが、ロシア人が教会の修繕を支援したことは教えてくれていた。同じキリスト教正教同士なので、宗教画の修復にも詳しい人が多いのだろう。だがなぜ兵士までいるのか。

修道院から少し離れたところにある細道を、マーゼンと歩く。五メートルの高さもある断崖の隙間でピクニックコースとしても有名だという。

そしてまた、不意打ちを食らった。曲がり角から現れたのは、またもやロシア兵だったのだ。さっきとは別の兵士で、しかも、やんや言って喜ぶ地元の子どもたちに取り囲まれている。兵士は無表情のようにも、リラックスしているようにもみえる。

「ロシア兵と子どものピクニックかな?」

とマーゼンに言うと、マーゼンは、「へへ、そうだね」と笑っている。日本の戦後の

「ギブ・ミー・チョコレート」もこんな感じだったのだろうか。

子どもたちは面白がってついていっていたが、この町の人たちはロシア軍の存在をどう思っているのだろう。

この疑問に対する答えの一つはすぐに現れた。

断崖の隙間を抜け出たところに、建設作業用の小さな砂山があった。そこに無造作にロシア国旗が突き立てられていたのだ。

これで驚いていてはいけなかった。

「ほら、あれ見てごらん」

そうマーゼンに言われて店の一つの看板を見上げると、見慣れない文字が書かれている。

ロシア語だった。

「この薬局は、アラビア語だけでなくロシア語でも「薬局」と書いてあるんだよ。地元の人たちがロシア軍に感謝しているから、こうやって書いたんだよ」

極め付けは、広場にはまたもやロシアの装甲車があったことだ。しかも、ここでも「Z」の文字付きだ。修道院前の広場のど真ん前に鎮座しているのである。

本当にロシアだらけなのだ。

最近まで滞在していたウクライナで、ロシア兵の恐ろしさを嫌という程、想像させられ、そしてここシリアで私の目の前にいる。しかも、見た目には戦争とは何も関係

ロシア語で薬局と書かれている店と奥の砂山にロシア国旗が立てられている

ないような穏やかな光景の中にいるのである。

ロシアのシリア危機参戦の理由は、いろいろ言われている。NATO勢力に対抗するため、中東での権益を温存するため、「米国の世界戦略を阻止する」という対決的な文脈の中に自分たちの行為を正当化するためなどだ。あるいは、欧米諸国が介入をためらう中、ロシアが汚れ役を引き受けたとする見方もある。


私はロシアの存在が気になってしょうがなくなってしまった。しかし、今日は観光に来ているのだ。

気をとり直して、次に女性の修道院を訪ねることにした。

ここがすごいのは洞穴をくりぬいて作った修道院であることだ。岩の壁と木と建物が入り組んだ場所だ。

再び土産物屋があったので入ってみる。かなり高齢な修道女と中年の修道女の二人がいた。せっかくなのでマーゼンに頼んで話しかけてみる。

「この修道院では長く暮らしているのですか？」

「そうですね。一九九六年からここにいます」

七十歳にもなりそうな修道女は二十六年もいるということになる。

続けてマーゼンがちょっと興奮気味に通訳してくれた。

「この修道女はね、ヌスラ戦線が来た時にも町を去らずに、ここに残っていたんだって。しかも、ヌスラ戦線に誘拐されたうちの一人だそうなんだよ」

私に土産を売り込もうとしているおばあちゃんにしか見えていなかったが、そんな壮絶な体験をしてきた人なのか。さらに驚くことをマーゼンは言った。

人質にされた修道女たちがいた修道院

「彼女はあれは誘拐ではなかったと言うんだ。ヌスラ戦線の人たちが、修道院は危ないからといって安全な別の家に避難させせたらしいんだよ」

予想外の解釈だった。修道女はヌスラ戦線を擁護したいのだろうか。

もう一人の中年の修道女が、年上の修道女にわからないように流暢な英語で、「やはりあれは人質だった」と先の修道女の説明を否定した。

当時のニュースを読むと、修道女たちは、アサド政権の刑務所に収監されていた百五十人の女性を解放するかわりに解放されたようだ。なので、最初のきっかけはどうであれ、結果的には人質として利用されたのだろう。

ただ気になるのは、誘拐されたとされる修道女の感覚だ。ヌスラ戦線は誘拐をするほど

修道院に飾られていた傷つけられた絵

悪い人じゃないと言いたかったのか、あるいは自分たちが誘拐されたというのは屈辱でそうは思いたくなかったのか。

結果的には、ヌスラ戦線をかばうような意味にとらえられかねない。だからもう一人の修道女が訂正しようとしたのだ。

マアルーラを去る際に、もう一つ印象に残ることがあった。マーゼンは地元の雑貨屋の主人に話しかけていた。

「ロシア兵はどこに行ったの？　彼らはよい人たち？」

言葉少なに主人は答えた。

「まあいいよ」

人々の答えは、絶賛するわけでも否定するわけでもなかった。ロシア軍のことを簡単には口にしたくないのだろう。

その様子を見ていると、次第に私にはロシア兵とヌスラ戦線の姿が重なって見えてきた。

最初、ロシア軍の存在をマアルーラで見て、なんて図々しい存在なのだろうかと感じてしまった。しかし、同時に町の人たちにとってはヌスラ戦線の時代と比べれば、安心をもたらしてくれる存在なのかもしれない。でもやっぱり部外者であり、外国軍だ。

また他方、ヌスラ戦線は戦争をもたらした危険な存在だ。だがあの修道女は「安全のために私たちを移動させた」と好意的に解釈しようとした。守ってくれようとしているのかもしれない、と。これはマアルーラのキリスト教徒全体ではなくて、この修道女個人の考えだが、そういうふうにいい部分も見出そうとしていた。

基本的にはロシア軍はキリスト教徒を守る側で、ヌスラ戦線は攻撃する側だ。そこ

マアルーラの町

は全く異なる。

しかし両者ともに部外者だ。でもその部外者に何かいい部分を見出している。信じてはいない。でも何かいい部分もあるはずだ、と。ロシア兵に対しても、ヌスラ戦線に対しても、どこか似たメンタリティーが働いているように思える。

なんだか私にはそれが、少数者の強いられた思考法のように思えてしまった。誰と手を組むのか。少数者が生き残るために取らねばならない手法なのか。

すごく嫌な言い方をすれば、彼らは「媚びている」ということになる。キリスト教徒は、アサド政権とも比較的良好な関係を持ち続けてきた。自分たちが生き延びるために、誰と仲よくし、誰にどんな姿勢を見せるのかにとても慎重でなければならない。

この町に漂う息苦しさと孤独を感じてしまった。

八 「電気があればみな帰る」の意味

この日は、ホムスという町で宿泊することになった。

夜はマーゼンと運転手のフィデーが車の給油をするというので、ついて行く。

シリアでは、ガソリンの入手事情は深刻な状況だ。あちこちガソリンスタンドを探してわかったのは、通常のガソリンスタンドはすべて閉まっているということだった。かわりに「政府が分配するガソリンスタンド」が開いているという。中心街から離れたそのガソリンスタンドに向かうと、道中

暗闇の中の政府のガソリンスタンド

は真っ暗だった。ガソリンだけでなく、電気も不足しているようだ。お目当ての場所に辿りつくと、暗闇の中に気が遠くなるような給油待ちの車の列ができていた。

「あっちが一般者用の列で、こっちがＶＩＰ用の列だよ。僕たちはＶＩＰ用に並ぶから」

マーゼンが教えてくれる。我々はＶＩＰなのか。

こういうところでもシリアというかアラブ文化の、基準のよくわからない特権階級優先の文化が現れている。

順番待ちの車内で、マーゼンは自分のこれまでについて少し話してくれた。

「僕は大学で観光の勉強をしていたんだ」

その後、外国でも何年か働いていたそうだ。

戦争が始まってから最初の一年は、ダマスカスにいたという。

「あなたの家は大丈夫？」

これまで私は、あまりマーゼンの戦争体験について聞かないようにしていた。初対面でズカズカと探られるのは嫌だろうし、タイミングをみてと思っていたのだ。

「僕のダマスカスにある家は壊されたよ。だから今はアパートを借りているんだ」

「壊されたって誰に？」

「反体制派だよ。家の地下に穴を掘ってトンネルを作っていたんだ。その辺り一帯にね」

あとで調べると、そこはダマスカス郊外のグータ地区の一つだった。反体制派が拠点にして、政府軍による激しい空爆も戦闘もあった場所だ。空爆の被害は受けなかったのだろうかと思ったが、それについてはマーゼンは何も言わなかった。

「二〇一二年にダマスカスで何者かによる爆破テロがあった。僕の息子はその場所に数分前までいたんだ。このことがあって即座に荷物をまとめて、シリアを出ることに決めた。一週間後にはもう家族みんなで外国にいた。シリアに戻ってきたのは数年前さ」

戦争前はマーゼンは、外国で月五千ドルの給料をもらう生活をしていたこともあったそうだが、このシリアを離れた期間は、失業したり、レストラン経営をしたり波乱万丈だったらしい。

「妻はシリアに戻りたくないと言ってね。僕は今、シングル・ファーザーとして子どもを育てているんだ。最初はダマスカスの工場でマネージャーの仕事をしながら睡眠時間は三、四時間で働いていた。工場の一室に子どもたちと一緒に住み込みで働いていたんだ」

数ヶ月前に、昔の観光業の経験を買われて、ガイドをしないかと声がかかった。まだガイドで生計が立てられるか試している段階のようで、うまくいかなければ再びシリアを出ることも考えているようだった。

流れに任せて聞いてみた。

「二〇一一年に運動が始まった時、ダマスカスはどんな雰囲気だった？　みな喜んでいたの？」

「みな明日には運動は終わると言っていたよ。明日には、ってね！」

自分の考えについては言わなかった。

私はマーゼンは体制側の人間として、ぬくぬく過ごしてきたのではないかと思っていた。しかし、彼もそれなりの苦労をしているし、政権にしろ、各勢力にしろ、無防備に信じてはいないような気がした。彼の実際の考えはわからない。でも表向きは政権支持の立場の人でも、家族を養って生活していくためには、満足している、特に不満があるとみせないようにする人もいるのだろう。

唐突にマーゼンが言った。

「僕はシリアは電気の問題以外は、深刻な問題は何もないと思うんだ」

思わず彼の顔を見直した。そんなことはないだろう。確かに電気の問題は深刻だ。しかし、現に彼は職に困っている。それに、あのサイドナヤ刑務所は？　レバノンにいるたくさんの難民は？　と言いたくなった。

ようやく給油を完了し、夜は最近オープンしたという洒落た屋外レストランに行った。ここでは煌々と電飾が光っていた。高額な自家発電機などがあるのだろう。

フィデーは寒いから車で待っているというので、二人で注文をする。サッカーの試合を映す巨大なモニターの前で、水タバコの煙を吐き出しながら、マーゼンが気持ちよさそうに語り始めた。

「今回の旅はね、君は僕の目を通してシリ

ホムスの煌々と電気が灯るカフェ

アを見ることができるんだよ!」

自分の考古学の知識を披露すると言いたいのかもしれないが、私には「あなたには考える余地がない」と言われているようで嫌な感じがしてしまった。

「今までのところでシリアの印象はどう?」

こんな発言をした後に、私の「感想」を知りたいのか。適当に持ち上げるべきか。いや、せっかく聞いてくれているのだ。私の感想を本当に聞きたいのかもしれない。言葉を選んで話してみる。

「うーん、シリアが、こんなに活気があるなんて想像もしていませんでした。とても綺麗な国だと思います」

この感想は嘘ではない。事実、目の前にはたくさんの着飾った人たちが楽しそうに食事をしている。でも、それだけではない。私は自分の知っていることとして、シリア難民の代弁を少なからずしたかった。

「だけど、例えば本当にシリアに問題がないのなら、じゃあなんでレバノンにいるたくさんのシリア人が帰れないのかなって思うんですよね」

「電気のせいさ！」

間髪を開けずにマーゼンが言った。

「電気の問題が解決したらみんな帰ってくるよ」

そんなバカなことがあるか。電力事情が酷いのはレバノンだって同じだ。というか電気どころではなく、レバノンでは自分の家もない人がたくさんいる。政府の迫害を恐れて帰れない人もいる。

しかし、マーゼンは私に口を挟む隙を与えないかのように、ペラペラと電力事情について喋り続けた。つまりこれ以上、発言するなという意味なのだろう。

私も迂闊だった。こんな人が多いカフェでこの話題に答えたのだから。

「ふーん」とだけ答えて、その日はおとなしくホテルに帰った。マーゼンは本当に私がシリアを褒め称えると思っていたのだろうか。なぜわざわざこんな質問をしたのか。

この日、マーゼンはシリアでの生活の大変さを話しすぎたと思い、本当は自分はシリアの将来に希望を感じていると、人前で見せたかったのかもしれない。

シリアで腹を割った話はどうすればできるのだろう。

九　辺境の豪奢パルミラ

翌朝、パルミラの遺跡へ向かう。

パルミラは「シリアの観光名所ナンバー・ワン」、「シリアと言ったらコレ！」と言っても過言ではない場所だ。紀元前一世紀頃からローマ帝国時代に繁栄し、シルクロードを行く商人の一団・キャラバンが通る町として発展したらしい。

この旅は、遺跡を見るだけでなく、東に行くという意味でも私にとって特別だった。シリアは日本の半分くらいの大きさの国だが、人口の多くは西側の国境沿いに集中している。東の多くはほぼ砂漠地帯で、人はそれほど多くはない。今回の私のシリア旅でも、訪れる場所はほぼ西側に位置していた。辺境にこそ魂が宿る。東に近づけるパルミラに、私は興味津々だった。

大都市ホムスを出発すると、車内でマーゼンが電話を何度もかけている。

「司令官に電話しているんだ。彼も今日、一緒にパルミラに行くかもしれないんだ」

なんと、軍人も同行するのか。安全上の問題、あるいは監視という意味合いで同行が必要なのだろう。マーゼンよ、そういうことは早く言ってほしい。気分的に政府軍の人が一緒だとなると落ち着かない。スパイと間違われないか、今も不安でしょうがないのだ。

マーゼンの説明によると、パルミラの方面は特別な許可がないと通過できないことになっている。石油パイプラインや空軍基地があるからだ。人は少ないが、重要施設はあるのだ。

お目当ての司令官がいる検問に行く。黒く日に焼けた、いかにも叩き上げという雰囲気の軍人が出てきた。

「シリアにようこそ！　シリアを楽しんでください。ここは安全です。何の問題もありません！　百キロ先に行ったたって平気です！」

私の姿を見るなり、まくし立てた。「心配だ」などと私は一言も言っていないのに、彼は安全について話したいようだ。初めてマーゼンと会った時と同じ反応だ。

「これまでの滞在はとても快適に過ごしています。素敵な国ですね」と愛想よく答えると、

「そうです！　安全なんです！　何も起きないのです！」

勢いのよい答えが返ってきた。軍人のなかには自分たちが無能だと思われたくないので、「安全だ」とことさら言う人がいる。こちらは評価するつもりなどなく、ただ現状を知りたいと思っているだけなのに、変な見栄を張られるのでシンプルな情報さえ得られない。

最終的には、司令官は私たちには同行せず、マーゼンにすべてを託すと言った。「僕は信頼されているからね！」と得意げなマーゼン。基準がよくわからないがそれもまた中東流なのだろう。

高いところから見たパルミラ周辺の光景

パルミラへの道中は、延々と乾いた大地が広がるだけだった。驚くほど何もない。たまに乾いた植物が生えているが、まっすぐな道が東へと伸びている。すれ違う車はほとんどない。たまに見えるのは小さな集落くらい。電柱だけが「いえいえ、ここにも生活があるんです」と言わんばかりに、健気に電気を届けていた。

一時期、イスラム国はシリアの多くの地域で力を振るったと報道された。確かにそうだったのだろう。だが彼らが支配した地域は東側を多く含んでいた。面積では広いが、人口で言えば、かなり少ない。イスラム国の力が過大評価されているのではと言われていたが、たしかに地図を見て受ける印象より、支配力は小さかったのかもしれないとも思う。

二時間ほどのドライブの末、パルミラに到着した。

しかし、町はからっぽだった。町の入り口付近は豪華な邸宅が並んでいるのだが、無人の様子。さらに街中に入ると普通の家々が並ぶが、人気はなく建物が見捨てられたようにあるだけだ。

二〇一五年五月にイスラム国がパルミラを制圧し、十ヶ月間占領され、その後、攻勢が変わりシリア政府軍の支配下になった。二〇一六年に再びイスラム国に支配されるが、政府軍が二〇一七年再奪還している。

　パルミラの戦闘は、アサド政権にとっては重要だった。国際社会に自分たちが戦っているのはイスラム国だとはっきり印象付けることができるからだ。他の戦闘であれば、民主化を求める反体制派を政権は攻撃しているのではと言われるが、イスラム国が制圧したここでの戦いをみせればわかりやすい。もちろんパルミラにも、アサド政権に対する抗議運動に集まった普通の人たちもいた。しかし、勢力を次第に失った。イスラム国は、初期の頃は、残虐な顔を隠しており、また強い軍事力に惹かれ、加わる人もいたのだ。

人気の少ないパルミラの町

ちなみに小松由佳さんの『人間の土地へ』（集英社インターナショナル）にパルミラの様子は詳しく描かれている。

気づくと車はある若者の前で停まっていた。

「やー、お疲れ様です。さあ乗って乗って」

マーゼンは親しげに彼に話している。Tシャツにジーパン姿の若者を乗せると再び走り出した。

一体誰なのか？　私には一切紹介はない。これも中東で経験することの一つだが、よくわからないまま物事が進む。聞けばいいのだが、聞くとこちらが野暮な質問をしたことになりそうでためらわれる。

町を抜け、乾燥した大地をしばらく走った。すると現れたのだ。ずらっと立ち並ぶ支柱が見えた。青い空と白っぽい大地の間に、巨大なクリーム色の柱がずらりと並ぶ。それがパルミラの遺跡だった。圧巻だった。

「ロシアは？」

私の感動をぶった切って、マーゼンがさっきの若者に尋ねた。一気に現実に引き戻された。

「今はいないよ」

「まあ、暑いからね」

そう答えるマーゼン。暑いからいなくなるロシア人とは？　尋ねてみると、

「ああ、シリア政府はロシアと契約して、遺跡を修復する契約を結んでいるんだよ」

と言う。マアルーラの修道院同様、ロシアは遺跡好きらしい。

また遺跡修復とは別で、パルミラにはロシア軍の基地がある。二〇一五年のパルミラでのイスラム国との戦争でも、ロシア軍はアサド政権とともに空爆を行っている。地上戦にもワグネルというロシアの傭兵を送り込んでいた。本当にロシアはあちこちにいる。

パルミラ遺跡を炎天下、マーゼンと歩く。イスラム国が来る前までは綺麗にアーチが

パルミラ遺跡

残っていたが、イスラム国が爆破して壊してしまったという。神殿もあったが、一神教に反するとして破壊されていた。普通なら高い場所にあって見れないはずのレリーフが私の足元に転がっている。

マーゼンはとても悲しそうにしていた。

「僕はイスラム国とも呼ばないよ。野蛮人（バーバリアン）って呼ぶよ！」

観光客受け入れ再開に向けて動いてはいるようで、レストランとなる建物の再建が進んでいた。たくさんの男たちが近隣から建設作業のために働きにきていて、そのうちの一人から私は謎の土産をいくつか買わされてしまった。

途中で車に乗り込んできた若者の正体もわかった。アリという名のシリア軍の兵士だった。安全上、兵士が同行する決まりになっていたようだ。

兵士アリは、私たちを遺跡から離れた場所にある、大昔につくられた地下の墓に連れていってくれた。壁には綺麗な幾何学模様が描かれていたらしいが、イスラム国によって真っ白に塗りつぶされていた。

マーゼンがアリについて少しだけ紹介してくれた

「彼はね、二〇一五年にここでイスラム国と戦っていたんだよ。二回の戦闘を経験しているんだ」

十二人いた仲間が一日で三人になる激しい戦闘にも参加していた。彼はその生き残りだった。どうりで無口にもなるはずだ。彼はホムスよりやや北のハマの西側の出身だそう。出身地やアリという名前から推察するとシーア派というかアラウィ派かもしれない。

イスラム国によって塗りつぶされた紋様の残り

私は本当はもっとアリと話してみたかったのだが、バリアをものすごく感じる。行きに挨拶した司令官にしても、言葉があまり通じないからということではない壁がある。「お前らには絶対俺たちのことはわからない」という何かだ。怒りでも憎しみでもなく、綺麗に一線を引かれている感じ。壮絶な経験をしているからか、あるいは根本にある外国人に対する不信感か。

愛想が悪いわけではない。ニコニコはしてくれる。でも、何かつかみどころがない。


パルミラからホムスへの帰り道は、アリも用事があるというので車に乗せた。しかし、車が故障し、三十分ほど立ち往生した。質の悪いガソリンしかないため、内部でゴミが詰まってしまったのだ。

修理を待っている間、私は路上で子どもたちとお喋りし、記念に一枚、写真を撮った。すると、ずっと無口だったアリが「一緒に撮ろう」と言ってきたのだ。なんだ、外国人への好奇心はあって、照れていただけなのか。

パルミラの遺跡のように近くにあるのに、とても遠くに感じ、触れたようで触れられないシリアで暮らす人たち。

その日は夕方早くにホムスに戻った。

第四章
オマルの故郷

一〇　破壊の次の破壊

ホムスの町。今回のシリア旅行で一番思い入れがあって訪ねた場所だ。シリアに来たのが初めてなので、ホムスに来るのももちろん初めてだ。ただこの町のことは何度も聞いてはいた。

レバノンで知り合った二十三歳のシリア人の友人、オマルのふるさとだからだ。オマルは徴兵を逃れて十八歳の時から、レバノンに暮らしていた。

彼とは、私がレバノンに住んでいた時に、在レバノンの日本人女性を通して知り合った。彼は、彼女の行っている子どもたちへの支援活動を手伝っていた。

英語を話さないオマルと私は、アラビア語で会話したが、彼は私の下手なアラビア語を、いつも辛抱強く「うんうん」と目をキラキラさせて聞いてくれた。友達も多く、人を好きになるのも、また自分を好きにさせるのも上手な人だという印象があった。

先述のように彼は徴兵を忌避して、密入国業者にお金を払い、レバノンにたった一人で逃れてきた。わずかなお金しかも持たず、知り合いもいなかった。

レバノンに来たばかりの頃は、彼は路上生活をし、難民ということで暴力を振るわれたり、廃棄された食べ物を口にすることもあったそうだ。

しかし、持ち前の性格の良さをいかし、レストランでウェイターの仕事を得たという。面白かったのは、接客中にシェークスピアについての知識を披露し、お金持ちの客を驚かせ、気に入られたエピソードだ。もともとの育ちはよいのだろう。

いろんな仕事を渡り歩き、今ではテレビ局の撮影補助の仕事をするまでになっていた。

それでも、短期契約のため経済的には不安定だった。鬱になっても、自暴自棄になっても不思議ではないのに（いや、たぶんなってはいたのだろうが）、彼はいつも明るく振舞っていた。

それがむしろ、いつも無理をしているんじゃないかと心配になるような人物だった。

そんな彼のことをもっと知りたくて、一度、通訳をつけてインタビューをお願いしたことがあった。

「喜んで！　なんでも話すよ」

オマルは一片のためらいも見せなかった。普通、シリア人は自分の過去について話すことは躊躇するので、その潔さがかえってひっかかった。差し障りのない話だけをするつもりなのかと思ったが、違った。彼は本当に覚悟した人だった。

「戦争前のシリアはよかったよ。両親と五人きょうだいで暮らしていたんだ。僕は末っ子で甘やかされて育って、やんちゃでいつも問題を起こしていた。父親は工場を家族経営していたよ。あと、市民裁判官もしていた。まあ政府系の仕事だね」

二〇一一年にシリアで革命運動が始まると、オマルの日々は大きく変わった。

「その時は十三歳で、何が起きているのかよくわかっていなかったよ。でも、その頃に宗派というものを知ったんだ。それまではアラウィ派、スンニ派、シーア派、キリスト教とか考えたこともなかった。誰も気にしていなかったんだ。僕はスンニ派だけれども、その頃はただ『イスラム教徒』とだけ知っていた。家にクリスマスツリーを飾ったり、イスラム教の断食明けの食事にはキリスト教徒の友達を招いたりしていたよ」

ホムスでは当初、運動はアサド大統領の退陣を求めるものではなく、ホムスの県知事に改革を訴えるものだったとオマルは記憶している。町の中心部にある時計塔のあるロータリーに、多くの人が集まって始まったそうだ。

「朝の四時頃、僕は離れた場所に住んでいたけれども、発砲音が次々と聞こえてきたんだ。怪我人も死者も出た。本当は僕も抗議運動に参加したかった。でもお父さんが絶対に許さなかった。中には『お前のお父さんは政府の仕事をしているから、いい思いをしているのだろう』とからかってくる人もいたけどね」

当時の抗議行動の様子を記録した映像は、Youtubeにもたくさんアップされている。そのいくつかを私も見たが、時計塔の周りを大勢の人たちが囲み、丸腰で改革を訴えていた。そこへシリア政府の治安部隊が突

人々が改革を求めて集まったホムスの時計塔

如現れ、発砲を行なった。多くの人が逃げ惑った。あとでいろんな資料を読んでみたが、遺体は治安部隊に持ち去られ、どれだけの人が殺されたのか今でもわからないという。

この弾圧でも、ホムスでの運動は収まることはなかった。さらに改革の必要性を感じた人たちは運動を広げていった。ホムスが「革命の首都」と言われるようになった所以である。

そんなホムスのことをオマルから聞いていたので、私にとってホムスは行ったことはないのに特別な町になっていた。

実際に、マーゼンとフィデーとホムスに来て、時計台を見た時にはなんとも言えない感情を抱いた。当時の緊迫感はなく、見た目には穏やかな町の一画にしか見えない。しかし、ここでたくさんの血が流されたのだ。もちろんオマルのことは、マーゼンたちには言えない。オマルは「シリア政府の徴兵を逃れて国を出た人」なのだ。「好ましからざる人」である。一人気持ちを胸に閉じ込めた。

パルミラに行った翌日、ホムス観光をした。

平穏に見える町ではあるが、戦争があったことも確かだ。いくつもの弾痕が残るシャッターがあった。綺麗に修繕されたり、赤、白、黒の横縞に緑の星二つのシリア国旗に塗られたシャッターもあった。ちなみに、反体制側の一つ自由シリア軍の旗は、異なる色使いで星三つだ。政権への忠誠をこのようなシャッターで示そうとしているのだろう。

マーゼンたちと半日かけて教会とモスクを見学した。

「まあ、ホムスにはそんなに観光するところはないからね！」

というのが彼の見方だった。

「午後からは自由行動していいよ」

これは思いもよらぬ提案だった。

ガイドによっては自由行動を禁止している。もしかしたら、私に自由行動をさせて誰とコンタクトをとるか監視する作戦かもしれない。しかし、私はただ自分で歩きたいだけだ。

「じゃあそうする！　出掛ける！」

シリア国旗の描かれたシャッター

そうマーゼンたちに言い、街中で車を降ろしてもらい一人散策をすることにした。

スタートはやはりあの時計塔にした。白と黒の装いで十メートルの高さはある。近くには公園もあり、木陰でお喋りをしている人も多い。傍目には平和に見える。

目の前の建物に下げられた、巨大なアサドの垂れ幕は不気味だ。「私の目がお前たちの動きを一つも見逃しはしない」と言っているようだ。ドラえもんの長編漫画『ドラえもん　のび太の宇宙小戦争』で独裁者の肖像画があちこちに描かれ、その目は実はカメラのように監視装置になっているというシーンがあった。それを彷彿とさせる。

時計塔近くの木かげでくつろぐ人たち

興味深いのは、すれ違う人がほぼ私を見ないようにしていることだ。他の中東では外国人というだけで騒がれることが多かったが、誰が敵か味方かわからないシリアでは、やはり一人でふらつく謎な外国人とは関わりたくないのだろう。

それでも、そんなことを考えなければ、普通に楽しいアラブの町での散歩だ。旧市街のバザールに向かう。かつて包囲攻撃が行われた場所だと聞いていたからだ。壁の一部が真っ黒に煤けた跡がところどころあるが、今では人々は普通に買い物に来て日常生活を送っているようにも見える。再建されたアーケードには、所狭しと服を吊る

ホムスの町の人たち

した小さな洋服屋が左右に並んでいる。

「ほら、どうですか、見ていって！」

何人かの店の人に声をかけられた。

そのエリアを抜けると住宅街だ。破壊跡はないが、通りのシャッターにいくつも銃痕があった。

恐ろしいのは爆撃による大規模な破壊だけではない。そのことが理解できるようになったのは、以前訪れていたウクライナのおかげだ。ブチャという虐殺が行われた町に解放されてから入り、多くの人の話を聞いた。町自体はすぐに占領されてしまったため、砲撃は多くは行われていない。しかし、残った住民は占領されたロシア軍に街中で射殺されていた。砲撃ももちろん恐ろしいが、生身の人間に銃を向けられ殺される恐怖がある。ブチャの民間人だけで四百人が殺されたといわれる。

しかし、今、住宅街で見た光景は序章に過ぎなかった。

坂道を下り切ると、別世界が広がっていた。

そこは延々と続く灰色の世界だった。色が失われていた。廃墟群だ。おそらくここで包囲攻撃が行われていたのだ。

壁は穴ぼこだらけだったり、崩れ落ちている。何かに様子が似ていると思ったら、穴が空いているスイスチーズにそっくりだった。「風景」を見て、こんなに怖いと思ったことはなかった。

ウクライナや別の中東の国で、破壊直後のこういった場所は見たことがある。しかし、そこは生々しさとともにまだ人の気配が残っていた。

でも、ここは生命の気配がない。ただ見捨てられた感じがある。

大きな家々だったはずなのに、今はただがらんどうのコンクリートが物体としてだけ

住宅街の破壊と、家の状態を見にきた様子の人たち

中心地近くの破壊

360度見回しても破壊

残っている。鉄線でかろうじて繋がったブロックが垂れ下がり、それがまるで涙を流しているように見えた。

ニュースでシリアの「廃墟」のイメージとして流される映像そのまま、といえばそうだ。しかし、こんな建物が普通に生活が営まれている地区の隣にあるとは、私は思っていなかった。

しばらく行くと、ある家の前にトラックで資材を運んでいる人たちがいた。建物の所有者らしき人が道の真ん中にソファを置いて座り、なにやら相談している。家をどうにかしようと様子を見に一時的に戻って来たのだろうか。黙って通り過ぎるのもよくないと思い、

「こんにちは」

と声をかけて前を通り過ぎると、向こうも、

「こんにちは」

と挨拶し返してくれた。私のような外国人が一人でフラフラしているのは、彼らにとっては異様だったと思うが、話しかけられもせず、止められもしなかった。

驚くのは、ごく僅かながらここに住んでいる人もいるらしいことだ。建物の三階で緑、

白、青の洗濯物が綱に干してあった。そこだけ鮮やかな色があるのでやけに目立つ。若い男性何人かがはしゃいでいる声もする。

かつては交差点だった場所に立ち三六〇度見回してみる。道路は真っ白な砂だらけ。まわりは形だけになった灰色の建物。そして空は青い。

とても怖かった。冷たいものが体を走った。ホラー映画のセットであればいいのにと思った。

息がつまりそうな感覚を持ちながらも、ここまで来たからには、見て撮影しなければとスマホを握り歩き続ける。途中で先ほどのトラックのおじさんが追いついた。

「何をカメラで撮っているんだ？」

そうアラビア語で言われたのはわかった。アラビア語で返事をしかけて、やめた。伝わらなくていいと思いながら、英語で「歩いているだけです」と答えた。頭を振っておじさんは去っていった。

どんな返事も、彼を嫌な気持ちにさせてしまう気がした。「歩いているだけ」と伝われば、「戦場で物見遊山？」と腹が立つだろう。「なんて酷い破壊！　信じられない！」と怒ってみせても、この町の人の喪失したものに比べたらうすっぺらく聞こえる。

壮大な罰ゲームで魔界に放り込まれたよう。早くこの世の終わりから抜け出したい。普通の景色がみたいと心底思った。

車が走る通りが見えたので、これで助かったと思うも、たどり着いてみると、そこも左右に破壊された建物がずっと続いていた。終わらない破壊。私はここらか逃げられないのか、一生、脱出できないのか。ゾンビのような街。

なんだか呼吸がうまくできない気がして、一度、空き地に立ち止まる。そこからモスクが見えた。

再建されたモスク

思わずホッとした自分がいた。そのモスクは修繕されて、再び人が訪れるようになっていた。なんて幸せな感覚なんだろう。人が修復し復興させた建物があるということが。建物を再建してみせるということは、それを見る人たちに影響する心の問題でもあるのだとも思う。

あとで知ったがそこは旧市街のハメディエというところで、ババ・アムル地区と並んで反体制派が長らく拠点にし、アサド政権軍と戦闘し、撤退した場所だった。約二年に渡り、政府軍に包囲され、市民三千人も取り残されていた。

あたりにはツバメがたくさん飛んでいた。廃墟にはツバメが住み着くのだろうか。

オマルはこの町に暮らして、そしてここから逃れてきたのだ。

破壊された町で暮らす人たち

十一　彼の記憶で歩く

もう一つ私には行きたい場所があった。オマルが住んでいた家のあるホムスの「ワエル地区」だ。

レバノンで初めてインタビューをした時、彼はスマホでグーグル地図を見せながら戦争中、近所で何があったかを細かく話してくれていた。それぞれの地区を指差して、「ここではね」「あっちではね」と説明していた。

彼の馴染みの地区に行ってみたい。

しかし、問題があった。先ほどまで歩いていた場所は、秘密警察のような人に、何をしているのか問われても、「観光しようとバザールからモスクへ歩こうとしたら、たまたまたどり着いた」と言い訳できる。ところが、ワエルは普通の住宅街で、観光客が行くような場所ではない。怪しまれる可能性がある。

しかも、ここからワエルへは炎天下を一時間歩くことになる。マーゼンからは、タクシーに乗っても問題ないと事前に言質を得ていたが、密室の車はなんとなく怖い。

悩んだ上にこのような結論にたどり着いた。何か言われたら「いろんな地区を歩いてみたかった。散歩だ」と言い張ればいい。オマルが住んでいたワエルに行きたいというのは、私の頭の中だけでの話だ。私がどういう意図で歩いてるかまでは、警察も政府の人も知ることができない。

タクシーもマーゼンがいいというのだから大丈夫なはず。

数台目でようやくタクシーを停め、私はワエルへ向かった。ムスっとした運転手とはほぼ会話もなく車は先へと進んだ。

ワエル地区に続く道。車でやってきて夕涼みする人たちがいた

ワエルは、ホムスの中心街から北西に出島のように突き出した一区画だ。両地区の間には公園や原っぱが広がっていて、長い一本道を通っていくことになる。ワエルはおそらく新興住宅地で、ちょっとリッチな人たちが住む場所だったのだろう。高層マンションも遠くからよく見えた。

オマルは私に、ワエルで戦争が始まった時の生活をこう話していた。

「ホムスでの戦闘は『ババ・アムル』という南西部の地区で始まったんだ。ワエル地区が戦闘地域になったのは、ホムスの中でも最後だった。中心地からは離れていたからね」

戦争になるとその国ごと、あるいは町ごと破壊されているように想像してしまうが、実際には地区ごとに攻撃がなされ、また抵抗の拠点が作られる。

後で調べると、反体制派は南西部のババ・アムル地区で戦った後、私が先ほどまで歩いていたハメディエ地区に移った。反体制派は政府軍に敗北し、ワエルに逃れて新たに戦いの拠点とした。オマルはその頃には十五歳になっていた。

「この時期、お父さんは外に出ちゃダメだと言って、行けるのは学校だけだった。でも僕はシリアで何が起きているのか知りたくて、秘密で友達と抜け出していた。通学路と同じ道でゴミ箱に遺体が捨てられているのも見た。黒い袋に入っていたり、バラバラにしてあったり、内臓が入っていることもあった。友達が誘拐されたこともあった。友達が死んでゴミ箱の中で見つかるんだよ」

オマルはそれを悲惨な話として話すというよりは、日常として話した。

「僕はどこに射撃手がいるのかはわかっていた。だから射撃手をからかって遊んだりもしたよ。発射音が聞こえたら一、二、三と数えて、その音と着弾までの秒数を数えてどの武器かを当てて遊んでいたんだ」

ワエル地区の花が咲く家

乗っていたタクシーが到着した。たどり着いたワエルは驚くほど静かだった。ホムス中心部を向いている家々の壁は壊され、かわりにドラム缶が並べられていた。包囲攻撃する政府軍の人たちに、ここから反撃していたのだろう。当時のようにその姿が残されていた。

地区の中に入る。新興住宅地だからか道はやけに広く、建物は大きい。子ども向けのスイミングプール施設らしきものもあり、お迎えの人たちが外で待っている。近くのスーパーの前にも人がいる。人はまだここで生活しているのだ。ただ、どこか息を潜めているような、無駄な会話はしないような、そんな雰囲気を感じる。

銃痕はそこら中にあった。至近距離での戦闘が行われたのだろう。

私はシリア行きについてはオマルに一切、話していなかった。事前に話すことで迷惑をかけることが怖かったからだ。レバノンに戻ったらオマルに見せようと思い、写真を撮ることにした。彼に会ってワエルに行ったことを話そう。

以前、話を聞いた時、彼はワエル地区の西側についてよく話していた。

「確かこのあたりに家があるって言っていたな」

そんなことを考えながら西側を歩いていると、学校らしき建物が現れた。もしかしたらオマルの通った小学校かもしれない。手前に草だらけの空き地がある。「学校」と書いてある横に、シリア国旗とバアス党の旗が描かれている。他にも列車に乗った動物のかわいらしい絵やユニセフ(国連児童基金)のマークもある。

オマルはこんな話をしていた。

「友達と歩いている時、突然、銃撃が始まった。様子を見てみようと二人で前に進んだ。そうしたら今度は後ろの方で何か起

小学校らしき建物

きたみたいだった。友達は『様子を見る』と言って少し戻って、曲がり角から覗いた。そしたら撃たれたんだ。彼は死んだ。僕と周りの人たちも手伝ってくれて、彼の家に運んだ。姉妹がドアをあけてくれて、何が起きたのかもうわかっていて、友達を見ると叫んで泣いた」

彼が話してくれた時に私が想像していた光景と、今、実際、自分が歩いている町の光景が重なり合う。大抵は想像した様子と実際の光景は違うが、今見ている光景は意外なほどその時の想像と似ていた。

当時はおそらく、不気味な静けさの中に乾いた発砲音と、人々の叫ぶ声が響いていたのだろう。今、ホムスでは花が咲き乱れ、太陽が燦々と輝いている。あちこちの家の庭に咲く花は美しいが、年老いた人しか残っていないようで、手入れをする余裕もなく、伸び放題の庭ばかりだった。手間をかけて世話したとして、ここの花々が再びいきいきして見えることなんてあるのだろうか。思い出したくない光景が、ずっと住む人々の記憶に刻印されているようだ。

オマルは、誘拐もあちこちであったと話していた。

「ワエルのこの端っこの地区にはシーア派が住み始めたんだ。ここでシーア派のグループが誘拐をしていた。『行方不明者の島』と呼ばれていた。僕の兄も一度、誘拐されたよ。最終的には解放されたけど」

その方向に向かって歩いて行くと、空き地が多くマンションがまばらに建っていた。

これ以上、向こうに行くのは怖くなって引き返すことにした。今、誘拐しているとは思えないけれども、オマルの記憶が私にも恐怖を感じさせた。

ワエル地区の西の端

第五章
アレッポの日常

十二　アレッポで聞いた「本音」？

翌朝、ホムスのホテルを出発する。

マーゼンたちに、昨日の自由時間の間どこに行っていたか、質問攻めに遭うだろうと覚悟して車に乗ったのに拍子抜けした。驚くほどに聞かれないのだ。雑談程度にしか質問されない。

変に取り繕う必要がないのでいいのだが、すでに尾行していた人がいたのか、あるいはあちこちに通報する人がいてすでに把握済みなのか。

マーゼンは、後方へと流れてゆく街並みを窓から眺めながらおどけて言う。

「バイバーイ、ホムス」

数日の滞在だったけれど、オマルの記憶が重なってちょっとしんみりしてしまった。

次の目的地アレッポに向かうため、さらに北上する。

道中の道はきちんと舗装され、静かで落ち着いている。幹線道路の中央分離帯には濃いピンクの花が咲き乱れている。

相変わらず検問は多い。パルミラやボスラの道中の検問所の兵士はヤクザな雰囲気があったが、このあたりの兵士は心なしか顔つきが凛々しい。さすがは首都と第二の都市を結ぶ幹線道路だ。外国人の目に留まることもあるため、比較的まともそうな人を配置するのかもしれない。

私はシリア難民の友人への義理と自分の信念から、シリア軍の兵士にはできるだけ愛想よくしないと決めていた。

でも好奇心はある。

検問で書類の確認のために車から出て待っていると、道の反対側で若い兵士たち数人がこちらをチラチラ見ているのに気づいた。「中国人かな?」と話しているのが聞こえる。「意気地がないな。面と向かって話しかけてくればいいのに!」と思い見ていると、だんだんその様子が珍しいものをみつけてはしゃぐ子どものように見えてきた。いたいけな感じがしてしまい、つい手を振ってしまう。すると、兵士たちの間で空気がフワッと軽くなり、誰もが一斉にお互いの様子を確認するでもなく振り返してきたのだ。さらに一人は、「ウェルカーム！」と英語で言ってきた。なんて純粋なのか。

近くにいる司令官に「ウェルカムじゃなくて、ちゃんとどこへウェルカムか言え！」と英語を正されて、恥ずかしそうにシュンとしていた。

シリアは強制徴兵なので、原則、男子は全員兵役につかなければならない。かつては二年と期限が決まっていたが、今は八年、あるいは、決まっていないらしい。望んで兵役についた訳でもない人もいる。彼らが残酷な任務に加わっていなければいいのにと思う。

車窓からの景色は、茶色っぽい起伏のある大地に変わった。時たま現れる道路沿いの家々は、ボロボロに破壊されている。ここで戦闘があったのだ。スマホの位置情報で確認すると、道の西側にはイドリブ県が続いているようだった。

イドリブは反体制派と言われる人たちが今も残っている地域の一つだ。アサド政権の支配に抵抗する人も、アルカイダ系の人たちがいるという人もいる。アサド政権やロシア軍は、今もここへ空爆を行っている。さらにはトルコ軍もやってきて混沌としていた。

レバノンで仲の良かった近所のシリア人一家の故郷は、イドリブだった。難民キャンプ暮らしで貧しかったが、時々、夕食に招いて手料理を振る舞ってくれた。食後にはシリアで暮らしていた時の大きな家や農場の映像をスマホで見せてくれて、「スーリア・ケーネット・クティール・ヘルエ（シリアはとても綺麗だったんだよ）」と、何度も繰り返し言っていた。私よりも若いお母さんが「昨日、イドリブで近所だった若者が空爆で死んだと連絡があった。小さい頃からよく知っていたのに」とため息をついて話していたこともあった。

あの検問所の兵士たちは、この家族のイドリブに残る親戚たちを、敵とみなして戦っているのだ。

これから向かうアレッポはシリア第二の都市。二〇一六年頃まで、世俗的なものから、イスラム主義的なものまで、反体制派が力を持っていた町でもある。

しかし、二〇一五年に、なかなか勝つことができないアサド政権を支援するために、ロシア軍は軍事介入を決める。アレッポはロシア軍に空爆され、アサド政権はアレッポを支配下に収めた。

ロシア軍が行ったシリアでの空爆は、八五〜九〇％が、イスラム国など以外の穏健派の反体制派が対象だったとされる。ロシア軍は二〇一五年から二〇一六年の年末までに、七万一千回の空爆を行っていた。ロシア軍の行う攻撃は、誘導ミサイルを使わず、一般市民を巻き込むことも厭わない無差別攻撃が多い。国際人道法に違反する病院への攻撃も行った。当時のアレッポの様子はワアド・アルカティーブ監督の『娘は戦場で生まれた』（二〇一九年）という映画で詳細に描かれている。

町全体が廃墟になっているのだろうと想像していたが、最初に目に入ったのは、アレッポの南側にあたる新しい高層住宅だった。多くの車で溢れている。緑も多い。人が行き交い、賑やかさもある。ホムスと一緒で普通の日常がある場所も存在するのだ。

まずはアレッポ中心地のバザールへ行くことになった。

中心部近くには、放置された瓦礫だらけの空き地があった。マーゼンは、食い入るように車の窓から見つめていた。

「モスクがあったんだよ」

彼はツアーガイドとして何度も訪れたこの町の変わりように、ショックを受けているようだった。

車から降りて少し歩くと、巨大な石の要塞が見えてきた。それがアレッポ城だった。巨大な石造りの城だ。

圧倒されて見ていたが、周りの景色もだんだんと視界に入ってきた。さっきのような破壊跡があったかと思えば、いくつかのカフェが並び、色鮮やかなパラソルが広げられているところもある。どこもかしこも戦争の破壊と、明るい日常が入り乱れている。

戦闘が激化して以来、初めて来た運転手のフィデーは、信じられないというように

アレッポ城の入り口

ポカンと口を開け食い入るように見ていた。

　かつては十三キロに渡って広がっていたという古いバザール散策を行う。

「ま、そこも戦争で破壊されているのだけどね」とマーゼン。

　道幅三メートルくらいで、高いアーチ型の天井がずっと奥へ奥へと伸びている空間だ。長いトンネルのようでもある。数年前まで使われていたバザールというよりも、放置された遺跡といった感じ。

左右に並ぶ店のあった小さな空間は、ボロボロの壁がむき出しになり、アーチは焼け焦げ

上／アレッポ城のあたりには破壊跡も
下／破壊されたバザール

て灰色になった箇所もある。完全にアーチが壊されている場所もあった。

「『彼ら』がこのバザールを壊したんだよ」

マーゼンは説明しようとした。彼はよく、「They（彼ら）」と言う。

「『彼ら』って誰のこと?」

わざとはっきり言わないのだろうが、ここは聞くしかない。マーゼンは、「オーケー」と言うと、気合いを入れるように息を吸ってから答えた。

「反体制派が武器を持ってここに立てこもっていたんだ。だから政府は出ていくように言った。だけど、出てこなかった。だから政府が爆撃をして壊したんだ」

「つまり政府が壊したんだ」

私が繰り返して言うと、

「そう、政府が壊したんだよ。だって反体制派が立てこもっていたからね。攻撃せざるを得なかったんだ」

結局は壊したのは政府かと思いつつ、マーゼンの意を汲もうと、

「反体制派がバザールを基地か何かに利用していたということ?」

と、尋ねると、彼は、

「もちろん！」

と答えた。

マーゼンは、出てこなかった反体制派が悪いと説明したかったのだろう。しかし、壊したのは政府であることも言っていることになる。マーゼンは「政府は壊す以外に方法はなかった」と考えているのだろう。


コンコンコンと石を叩くような音が響いてきた。

「一応、修復工事は始まっているんだよ」

とマーゼンが教えてくれた。

安全ベストを着て作業をしている男性たちがいた。看板を見ると、シリア政府の観光省のプロジェクトで一部再建が始まっているようだった。観光を収入源の一つとしてきたアレッポにとって、バザールは重要な場所だ。英語でも再建について説明が書いてあるので、外国人観光客も意識してのことだろう。

さらに奥にはすでに再開している店があった。

真新しくピカピカに修繕された通りに、お菓子に洋服、お茶、サンダル屋、絨毯屋が店を開いている。綺麗だが、何かこう湧き上がるものがない。数百年の歴史で作られた重厚さと、新しく石を積み直した場所では雰囲気が全く違う。店で商売する人たちもなんとな

再建された箇所も

人々が戻ってきているところも

く活気がない。

「綺麗にはなったけど、古きものの良さは、戻らないからね」

マーゼンも同じことを考えていたようだ。

この日のマーゼンは、なぜか饒舌だった。

「バザールやこの旧市街地での一番の問題はね、戦争が終わっても人が帰ってこないことなんだよ」

アレッポはものづくり、工業の町だそうだ。しかし、戦争で生産がストップすると、トルコが工場を自分たちの国に移転させて、労働力としてシリア人も受け入れた。十年前に移り住んだトルコで、シリア人は生活

バザール内にある昔の建物を使った宿

を築いた。今更アレッポに戻って、一から生活を再建するのは簡単な話ではない。十年というのは本当に長い。

「いろんな国がシリアにやって来た。トルコ、ロシア、アメリカ、イラン、レバノンのヒズボラとかね。まあロシアはいいことをしている面もあるけど。でも本当に何でこんなことになったのかって思うよ。僕にも何が起きているのかぜんぜんわからないよ！」

マーゼンの批判は外国に向けられていた。

シリアに来るまで私は、シリアという国自体が抱えている問題が一番大きいのではないかと思っていた。まずは、政府の支配の問題で、それから多様な反体制派の問題などである。外国の影響なども報道や研究者の解説などで言われていたが、私はこれまでの中東滞在で、アラブ人は何でも他人のせいにしがちな性格があることを感じていたので、外国の存在が誇張されているのではないかと思っていた。

中東が抱える問題を、サイクス＝ピコ協定（一九一六年に英仏露で結ばれたオスマン帝国領分割に関する秘密協定）に遡り、「大国に常に翻弄されたから」という。確かにそうではある。だが、同時に、中東社会の内部にも問題があったように思う。そういうことをすべて差し置いて

「外国のせい」にしている時もあるように思えたのだ。

実際にシリアに来てみると、やはりシリア自体に問題はあると思った。そして、改めて外国の影響も感じるようになった。他国に翻弄されている部分がある。トルコ、ロシア、イラン、レバノンのヒズボラ、アメリカがシリアにはいる。シリアという国にどれくらいの意思があるのだろうかという気がしてくる。

マーゼンは続けた。

「シリアには今、検問所がたくさんある。安全のためというのはわかるよ。でも自分の国で、なぜいちいちチェックされないといけないんだって思うんだ。シリアは他国に占領されている場所もあるのに、それをそのままにしておいて、自国民をチェックするなんてさ！」

国民を疑う前に、まず外国軍を追い出してくれと思うのだろう。これまでに聞いたことのないマーゼンの現状への批判だった。

「お願いだからメディアに書いてあることを信じないで。人と会って交流して、話してそれで理解していって」

彼は私にどんなシリアを見てほしいと思っているのだろう。

十三　終わらない雑談

アレッポには二日間滞在した。

マーゼンとフィデーは、ダマスカスの知り合いからアレッポ土産を頼まれおり、買い物で忙しい様子だった。ツアーの決められた予定を終えると、二人は喜んで私を自由行動にしてくれた。怪しい外国人の私を見張らなくていいのか、こちらが心配になるくらいだ。

早速、一人歩きを始める。

知らない場所、しかもシリアのような場所を一人で歩くのが怖くないといったら嘘になる。しかし、逆説的ながら「安全」だろうという確信に似たものもあった。

なんといってもシリアは監視国家。私を監視している政府側の人間がおそらくいる。観光客である私に、「素晴らしいシリア」を見せて帰らせることが、今回の彼らの目的だ。盗人やらゴロツキにからまれたら彼らの面目が潰れるので、何かあったら彼らはすぐ出てくるだろうし、そうならないように細心の注意を払うだろう。あとは私が「監視員」の気に触ることをしているように見えなければいいだけだ。私がシリア政府のことをどう考えようと、頭の中までは彼らには見えない。

こういう気ままな歩きはいい。

監視の目は意識してしまうけれども、取材と違って、何か結果を出さなければという焦りがない。まずはじっくりと見て感じることができる。

言葉は悪いが、ここからが私の「戦争観光」だ。

ホテルを出て巨大な公園のそばを歩き、初めにブスタン・アル・カスル地区に向かった。

アレッポは二〇一六年頃まで、町の一方に政府支配地域があり、もう一方に反体制派支配地域があった。ブスタン・アル・カスル地区はその南の境目にある地域なのだ。境目というのはいろいろと繊細な地区だ。それぞれの地域の住民などが日々の生活のため、親族に会うために通る。それは同時に敵を狙う格好の場所にもなるため、スナイパーに狙われる場所でもあった。

この日、訪ねてみると、地味な用水路のような小川が流れていた。報道では、戦争中にこの小川に政権側に殺された住民の死体が、何十と流れる出来事があったそうだ。事前にネットで検索した画像と、今のこの牧歌的な様子がちぐはぐして不思議な感じだ。

ブスタン・アル・カスルでもう一つ気になるものを見つけた。新しく建て直されたモスクの古い壁に書かれたアラビア語ではない文字だ。

「МИН НЕТ」

後で調べてみると、ロシア語で「地雷なし」という意味だとわかった。ただ、調べる前からおよその検討がついてはいた。ウクライナに滞在していた時に、この文字が書かれていたのをあちこちで見ていたからだ。私が

左／遺体が流されていたとされるブスタン・アル・カスル地区の川
右／ロシア語で「地雷なし」と書かれたモスクの壁

見たのはウクライナ側の勢力が書いたウクライナ語だったかもしれないが、ウクライナ語にはロシア語と似ている単語もある。

ロシア軍は、アレッポの地上戦に特殊部隊・スペツナズを送り込んでいた。だからこんな跡が残されているのかもしれない。

誰かに見られているだろうか、私の行動は不審に見えるだろうか、そんなことを考えながら急いで写真を撮る。

さらに南に進んで、アレッポで破壊が酷いとされていた場所の一つ、スッカリ地区に行くことにした。

果物売りと奥に見えるのはブスタン・アル・カスルの川

お腹が減ってきたので、道中でアイスクリームを買う。中東は路上のアイス屋がとにかく多い。男たちが店でたむろしていた。

ブルーベリー、ピスタチオなどの三段アイスを注文した。残念なのは、こちらが愛想よくアラビア語を喋っても、店主の反応はないことだ。他の中東の国なら、「お前さん、アラビア語が喋れるのかい！」などとまくし立てられるのが普通だが、素性の知れない外国人とは話さないのが無難なのだろう。

ちょっとさみしいなと思いながら、店の外で攻撃跡を見ながらアイスを食べていると、店主のおじさんが椅子を持ってきてくれた。あまり私と喋ることはできないが、できるかぎ

アイス屋の目の前に破壊跡があった

りの気遣いの気持ちを見せようとしてくれたのだろう。

しばらくすると、店に全身を覆い隠す衣装の黒いアバヤを着た女性がやってきた。サングラスをして口元まで布で隠している。なぜかわからないが、私はその女性に惹きつけられるものを感じた。

彼女は店主のおじさんを外に呼び出すと、何かしきりに訴え始めた。表情は見えないが、動きがキャピキャピしている。手を上下左右に振りをつけて、「もうちょっと一聞いてよー」というように甘えたようにしている。かわいさが全身から溢れ出している。

男性は夫なのか、辛抱強くウンウンと聞いているが、かすかに笑みを浮かべていた。彼もきっと「かわいいなー」と思っているのだろう。とても若いというわけではなく、三十代後半くらいの年をしている。あまりじろじろ見ると失礼なので、目の端で観察する。

しかし、アイスを食べ終われば去るしかない。おじさんに椅子のお礼を言うと、その女性もこっちを見た。

「私の男に話しかけるな！」と怒られるのかと思ったが、彼女はおどけて頭と体を少し揺らせて、アラビア語で何か言った。意味はわからなかったが、そのかわいさと親しげな感じに私はすっかり嬉しくなってしまった。

しばらく歩いてから、どこに行こうかとスマホをいじりながら立ち止まっていると、先ほどの女性が追いついてきた。

私の姿を見て、「あらー」といった感じでまた頭を揺らし、サングラスの向こうで笑っているのはわかった。

「中国人？　韓国人？　日本人？」

突然質問が始まった。

中東では時に質問するのは権利とばかりに、思いついた疑問をそのままぶつけてくる人がいる。慣れているつもりだったが、シリアでは久しぶりだったので動揺してしまった。

「えっと、に、日本です」

「うそ！　なんてこと！　聞いて聞いて、この前、日本の映画を見たの！」

「へー、えーっと、なんて映画ですか？」

「忘れちゃった！」

なんだ大した映画ではなかったのか。こんな素直さもかわいらしい。どんな人だろうという思いが再び高まってきたところで、彼女はサングラスを一瞬、外してこちらを見た。長い睫毛がブワッと上下に広がり、瞳がキラキラ輝いている。大きな魅力的な目だ。知り合った人には、「私はこんな人間よ」というように、場合によっては、こっそり見せる礼儀みたいなものなのかもしれない。まるで秘密の宝物を見せてもらったような気分だ。

彼女はすぐにサングラスをかけた。今度は私が質問する番だ。

「えっと、あなたはここの人？」

「そう、私はハラビーエ（アレッポの人）よ」

ちょっと誇らしそうに言った。次に何を聞こうかと一瞬考えている隙に、再び主導権を取られた。

「子どもいる？」

「えと、いないです」

「私はいるの。五人。大きな女の子と小さい子たちも」

「へー、すごいですね」

「そう、すごいの。五人なの！」

アラブ流のマウンティングなのかと思えて、余計におかしくなってしまった。子どもが多いことがイスラム世界ではよしとされる。

私が道に迷っていると思ったのか、彼女は、

「あっちは＊＊地区、こっちは＊＊地区」

とわざわざ教えてくれた。そして、

「じゃーねー」

と言って台風のように去っていった。

さっぱりわからないが、この国に住む人のいぶきを、初めて感じられたような気がした。黙ってくれていたほうが、ミステリアスな女性として威厳があったのかもしれない。話すとちょっとすっとぼけた、押しの強いおばちゃんの側面が見えてしまったからだ。いや、でもそれがもう一つの本当の一面なのだろう。なんだか嬉しい出会いだった。

スッカリ地区あたりの破壊は巨大だった。ホムスのハメティエ地区の破壊が丸焦げで廃墟となっていたのとは違って、スッカリ地区では破壊の有り無しが、ロシアンルーレット

のように隣り合わせだった。市街戦と空爆の違いなのかもしれない。

町の北にあるクルド人地区も少し訪れたが、中には入れないというので、周辺をしばらく歩いた後、歩き疲れてホテルに帰ることにした。

しかし、ここからが第二ラウンドだった。アイスクリーム屋で出会ったあの女性から得た印象、アレッポの人はフレンドリーかもしれない、という私の読みが再び証明された。

怒涛のアラビア語会話の開始だ。

「僕は七人子どもがいるんだ」

ホテルに戻るために乗ったタクシーの運

スッカリ地区。空爆跡と思われる

転手のおじさんは、自分の身の上話を始めた。もちろん、最初から話してくれたわけではない。彼の質問に対して、私が国籍、年齢、既婚か未婚か、ここで何をしていて、アラビア語はどうやって習ったかを答えて、彼が満足した後に、話してくれた。

「僕は自分の子どもだけじゃなくて、兄弟の子どもも育てているんだ。僕の兄弟はね、銃弾が頭に当たって死んじゃったんだ」

思いも寄らない告白だった。たまたま乗ったタクシーの運転手が身内を殺された話をする。シリアでは誰もがそんな経験をしているのだろうか。気を遣ってしまい、誰に殺されたのかは聞けなかったが、おじさんは暗い調子ではなく、「だから頑張らなきゃね！」というように明るく話した。

このおじさんとの会話で、ホテルに戻る気持ちが薄れてしまい、近くの大きな広場で時間を潰すことにした。すると、今度は、濃い緑色のアイシャドーの三十代くらいの女性が声をかけてきた。

「私はアレッポじゃなくてその周辺の村の出身で、アレッポでは袋を作る工場で働いているの。今日は休みで姉妹と出かける約束をしていて、待ち合わせしてるんだ」

彼女も私に大量の質問をした後に、自分のことをそう教えてくれた。貴重な休みの日に、夕涼みしながら姉妹と会う。こういう日常を生きている人がいるのだ。前は二時間で故郷の村に帰れたが、検問がすごくて今は十五時間もかかるらしい。反体制派の地域なのかもしれない。ちょっとした会話にも戦争が紛れている。

こういうゆるい会話は、いくらでもできるようだった。首都から離れている町だけあって、監視の目への警戒が薄いのか。自由や民主化を求めた反体制派も支配していただけあって、人々の中にまだ反骨精神みたいなものが残っているのか。

しかし、こういう会話も私に対する情報収集の一つではないかとも妄想してしまう。だいぶ私は疲れているようだ。

極め付けはこれだった。

近くにある緑でいっぱいの巨大な公園に行ってみた。まるで夏祭り会場のように、人形のかたちの風船やら、綿菓子なんかも売っていて、妙な懐かしさがあった。

三人の若者に話しかけられ、この日、五度目となる自己紹介を繰り返した後に、彼らはこう言った。

「僕らはダマスカス出身だけど、今はアレッポに試験のために来ているんだよ。お父さんはトルコから輸入した洋服を売る貿易商だよ！」

　そして続けた。

「見て見て、こんなにお金があるんだよ」

　ポシェットの中身の札束を見せてくれた。いきなり現金を見せびらかすなんて、ダマスカス出身にして田舎臭いなというか、子どもっぽいなと感じつつ、話を聞いていると、突然一人がこう言った。

「アルハンドレラー（神のおかげ）、ドクトール・バッシャール・アサド！」

　アサドはもともと眼科医だ。アサド賛美

アレッポ中心部の公園は家族連れで賑わっていた

のスピーチを始めるのか。身構えたところ、次に発した言葉はこうだった。

「ねえねえ、シリアのご飯は好き？」

全く関係のない話題に移った。

そういえば前日も似たような経験があった。野菜売りのおじさんにコーヒーでも飲んでいけと呼び止められ、興味本位でガレージに寄ると、中はアサドの写真があちこちに貼られていた。

「うわっ秘密警察か？　尋問か？」

そう思ったが、「これはアサド大統領だ！」と言ったきり、きゅうりやコーヒーをくれるばかりで何もない。私が、写真の中のまわりの取り巻きの政治家を指差し、

「これだれ？」

「何しているの？」

と聞いても、曖昧な返事。アラビア語の下手な外国人相手に政治を語ろうとは思わないのかもしれないが、こちらとしては拍子抜け。だったらそもそもコーヒーになんて呼ばなくてもいいのにと思うのだが、アラブ人的なおもてなし精神で声をかけてしまったのかも

しれない。あるいは彼らも秘密警察で私が何者かを探ろうとしたが、無害そうに見えたし、アラビア語も下手だし、話すのをやめてしまったのだろうか。

今、私の目の前にいる若者たちも中途半端だった。一人がこう言った。

「あのね、僕は背中を銃で殴られた痕があるんだよ」

「誰にやられたの?」

「わからない」

今度は、三人揃って一斉に答える。本当にわからないのか、それとも言いたくないのか。じゃあ、なぜわざわざこんな話題を出すのか。

もしかしたら、ダマスカス出身の学生というのも、嘘なのかもしれない。喋り方が地方のシリア人にそっくりだったし、試験のためにアレッポに来ていると言いながら、なぜか知りあいがたくさんいた。試験のために、そんなに何度もアレッポに来るものなのか。

私はこのシリア滞在中、地元の人と話せる機会が少ないことにストレスを感じていた。ガイド付きのツアーだから仕方がないし、アラビア語が私はそれほど上手じゃないという問題もある。

しかし、この日の自由行動のおかげでそれは解消された。自分のアラビア語が通じたことや、意外と人懐っこい人たちの存在に喜びを感じていた。

だが、それでも私には何かじれったさが残った。会話がいっこうに膨らまないからだ。ただの雑談ならいい。でも、話しかけてくれる人は意図的なのか、偶然なのか会話する時にひっかかるようなものを残してくる。「兄が殺された」「故郷の村が遠回りしないと帰れない」「自分は何者かに銃で殴られた」――

でも、それに触れようとすると、さっと逃げてしまうか、あるいは触れるのを私自身がためらってしまう。

シリアは一筋縄ではいかない。

第六章
さらばマーゼン

十四　ラタキアの海と徴兵忌避者

今回の旅で新しい町を訪れるのは、ここが最後になる。後はダマスカスに戻ってレバノンへと帰るだけ。向かうは地中海沿いの町ラタキアだ。

この町の何が特別かというと、ずばりアサド政権のお膝元ということだ。アサド一家はラタキアで始まり、アサド政権の強力な支持者であるアラウィ派が多く住んでいる。この旅ではこれまでどちらかというと反体制派や、過激派がいた町を訪ねてきたが、ラタキアの町は最初から最後まで基本的には政権のコントロール下にあった。他陣営に乗り込んでいくようで、思わず武者震いした。

ラタキアに向かうために再び連続する検問の洗礼だ。兵士の姿を見ながら、以前から聞いてみたかった質問を、このタイミングなら自然にできるだろうと思い、マーゼンにしてみる。

「どういう人がシリアでは徴兵されるの？」

「強制徴兵だよ。義務なんだ。みんな軍に行く。例外もあって、その家の子どもに男性が一人しかいない場合は、免除される。二人以上息子がいると徴兵される。でも同時に徴兵されることはないね。一人が徴兵の任期を終えてから、次の人が徴兵される。あと外国にいて戻れない人は罰金八千ドルを払ったら免除される。僕の兄弟も払っている」

男の跡取りを重視する社会では、一人息子を戦場に行かせることは強制できないのだろう。

マーゼン自身、若い頃は兵役についていたという。

「僕自身は、軍に二年行った。いい思い出だよ。いい時代だった」

昔の兵役時代を懐かしそうに話す人は、少なくない。全国から集まった様々な宗教のシリア人が交流し、それがシリアの多様性を作ったという人もいた。

ただ、次のマーゼンの言葉にヒヤリとした。

「僕は情報部にいたんだ」

まさに秘密警察とつながっていそうではないか。

「今は徴兵されると何年いないといけないの？」

「前は二年だったけれど、今は八年だよ」

「長いね」

「そうだね」

ただ私が知る限りでは、八年というのもはっきり決まっているわけではなく、それ以上か、徴兵されたままの人もいるらしい。人が足りないからだ。

この戦争前に兵役をすでに終えた人が、再び徴兵されることもあった。

徴兵忌避で外国へ逃れたまま、帰れない人もいる。シリア人が国に帰れない理由のひとつは、この徴兵問題を抱える人がたくさんいるからだ。

ホムスやアレッポでは、基本的に街中に女性が多かった。色とりどりのヒジャーブをしたり、髪を流した女性たちが楽しそうに出歩いていた。女性の外出の制限がこの国では少ないのだなと勝手に思っていたが、それもたぶん理由としてあるのだろうが、より深い理由もあった。

「徴兵されて男がいないからさ」

マーゼンが教えてくれた。特にホムスの西のアラウィ派からは志願して、徴兵に行く人が多いらしい。そのため男性の人口が少ないというのだ。

女性の外出を時に制限したがる男性がいないため、彼女たちが自由に過ごす時間が増える。

「彼女たちは、慣れた感じで水タバコを吸っている。男よりもサマになっている吸い方さ」

出歩く回数が多いので、水タバコの吸い方も慣れた様子なのである。

フィデーの運転する車でアレッポから南下し、途中で西に向かい山を越える。山腹でマーゼンが教えてくれる。

「あそこからの眺めはすごいよ。一方の側は反体制側で、もう反対側は政府側だからね」

山道から反体制側と言われた地域を見下ろすと、遠くに牛がいて緑が広がっていた。もともと住んでいた人、家を追われた人、アサド政権の支配を認めない意志を示し続ける人、過激派組織の人、様々な人たちがいるのだろう。

道の脇にはシリア軍の駐屯地のようなものがたくさんあった。ここから相手の動きを見ているのだ。

アラウィ派はもともと山に多く住んでいたと聞いたことがある。マーゼンに聞いてみる。

「このあたりからはアラウィ派の人が多いの?」

彼はこちらを見て小さくうなずいた。不思議な感じがした。これまでマーゼンは何でも説明してくれた。政府軍の行なった空爆であっても、マーゼンが考えるシリア難民が帰れない理由であっても。でもなぜかこの時はわずかにしか反応してくれなかった。

この日の訪問先であるサラハディーン城を見学してから、夕方にラタキアの町へ到着した。

私はラタキアという町に対して、アサド政権のお膝元として「戦争なんてどこ吹く風」という、繁栄した上品な南国を想像していた。そし

政府支配地域の山からの景色。イドリブはおそらく真っ直ぐな幹線道路の手前、左奥

て「シャッビーハ」と呼ばれるギャングみたいな派手なアサド支持者が幅を利かせている姿を思い描いていた。

しかし実際に来てみると、ダマスカスやアレッポには品のようなものがあったが、ラタキアはもっと汗水垂らしている雑多な感じ、南国の活気があった。

アラウィ派は昔は貧しかったとも聞いたことがある。今、アサド政権のもとで、得た力を手放すのは、怖いことなのかもしれない。だから政権を支持する。

シャワルマ屋で夕食を食べ、腹ごなしに海沿いを歩くことにした。

フィデーは先に車を回しておくというので、

ラタキアの町とアサド大統領の壁画

マーゼンと二人で歩く。

「フィデーは歩くの面倒だから来なかったんだよ」

マーゼンはフィデーのことをからかって言う。

青と紫色のグラデーションがしずしずと水平線に降りてゆく。それを夕涼みしながら眺めるカップルや、友達連れの後ろ姿が愛おしい感じがする。

そろそろ旅も終わりに近づいてきている。私はマーゼンと上辺だけでない、ちゃんとした話がしたかった。彼なりにシリアのことについて、誠実に話そうとしてくれているのは感じた。私も「シリアは安全！　綺麗！」

ラタキアの海で夕涼みする人たち

とおべっかばかり言って終わらせたくはない。彼が使える言葉で伝えてくれたことに対して、せめて私も自分の感じたことを言っておきたいと思った。

フィデーも今はいない。マーゼンと仲のいい友達に見えたが、シリアでは友人さえも疑わないといけないこともある。

「あのね、ラタキア出身の友達がいるんだ」

そう会話を始めてみた。

「へー、そうなんだ」

気のない返事をマーゼンがする。

「レバノンのベイルートとかイラクのアルビルに住んでいるんだ。二十代くらいの若者たちでさ」

そう言ったところで、大きな声で喋りながら早足で隣を歩いていく地元の人がいた。いったん、私は言葉を区切った。人には聞かれたくなかったので、彼らが離れてから続けた。マーゼンはその間も静かだった。

「えーっと、歳は二十代くらいで、それで軍に行くのが嫌で、シリアを出た友人たちなんだ」

徴兵逃れをしている友人たちのことを話してみたのだ。シリア政府としては「好ましからざる人」だ。

どうマーゼンが反応するか気になった。

「まあ、たくさんの人たちがそうしているよね」

マーゼンは感情を込めず、否定も肯定もしなかった。徴兵に行きたくない人の気持ちが、理解できないわけではないだろう。マーゼンにだって息子がいる。でも、私はもっとマーゼンの気持ちが知りたかった。

「彼らに『ラタキアに来たよ』って写真を送ってあげようかどうか迷っているんだ。でも、送ったら、『自分は帰れないのに』って悲しくなっちゃわないか心配で」

彼らは国に帰れば強制的に徴兵されるか、罰せられるかするはずだ。もう何年も国には帰っていない。

少し沈黙してからマーゼンは続けた。

「送ってあげたらいいと思うよ。こっちの家族からのメッセージとかを預かって行くこともできるし。彼らは今、どこに住んでいる?」

「えっと、アルビルとか」

私の友人の情報を当局に報告するのだろうか。まあ、ベイルートにもアルビルにも徴兵逃れの人はごまんといるのだが。一体、どこまで誰を信じればいいのかわからなくなる。

マーゼンは明るいカフェと、潰れたカフェを見比べながら、

「観光業がまた活気を取り戻すのを、多くの人は待ってるんだ」

と言った。話を変えたつもりだったのかもしれない。まだ徴兵の話を続けたい私はこんな質問をしてみた。

「働く人は足りているのかな?」

「専門家は足りないよね」

もう一度、踏み込んでみた。

「徴兵が嫌で外国に行った専門家とかスキルのある人が戻ってきたら、政府はどうするのかな?」

「私は政治には詳しくないから」

そうマーゼンが言って、この会話は終わった。「政治の話じゃなくて、制度の話ではないのか?」と言おうかと思ったが、やめた。そんなとんちの話じゃないのだ。

徴兵忌避をした人が帰ってきても、罰を与えないと政府が発表したことが以前あった。実際には、帰国するとすぐに捕まって、軍に送られたと報道されていた。彼は話したくないのだろう。

マーゼンがついた初めての「知らない」という嘘だった気がした。


次の日、ラタキアの少し奥まった海岸沿いのレストランに行った。青にはこんな深みとバリエーションが出るのかと、ため息が出る海の色だった。小さな入江には、丸く削られた白い石が広がり、地中海に繋がっている。波音は太古の昔から途絶えることはなかったんだろうと思うと、不思議な気分になる。

ここが徴兵忌避をした友人たちの故郷なのだ。

その時、初めて彼らが愛おしそうに故郷の話をする意味が、少しわかった気がした。

あぁ、これは恋しいだろうなと思った。この海の色、町の感じ、人々が汗をかいて生きている染み付いた雰囲気。ラタキア以外の町の徴兵忌避者の知り合いもいて、もちろん彼らも故郷を懐かしがっていたけれども、なぜかラタキアの出身者が、とりわけ愛おしそうに海の美しさを描写する様子が印象に残っていた。

たしかに、これはここにしかない風景だった。

ラタキア郊外の海

十五　グータの廃墟

もう旅も終盤だ。シリア滞在九日目、ラタキアからダマスカスに午後には辿り着いた。フィデーとはこの日でお別れだ。明日、レバノンまでは別のドライバーと行くことになっていた。マーゼンとは明日、朝会う約束をして別れる。

シリア最後の夕方、一人歩きをする。バザールは相変わらず、大勢の人で混み合っていた。小さな商店、スパイスの香り、色とりどりのヒジャーブをした人たちで溢れている。しかし、しばらく歩いてから、自分がこの散策にすでに飽き始めていることに気づいた。いや、正確には、本当は自分は何が気になっているかわかっているのに、我慢しようとしている気持ちを、ごまかせなくなったのだ。

「グータに行きたい」

それが私の考えていることだった。

グータとはダマスカス郊外の地域。ダマスカスの街中は比較的戦火を免れていたが、そのすぐ郊外の地域では二〇一八年頃まで、戦闘が使われていた。

二〇一三年八月二十一日未明にグータで化学兵器を使用する大規模な攻撃があった。当時の映像では、ぐったりした人や、大丈夫だった人たちが水をかけて苦しむ人の体から化学物質を少しでも取り除こうとしている様子がわかる。白い布に包まれた、何十人もの子どもの遺体が並ぶ様子も映像に流れていた。千人から千五百人が亡くなったとされる。

当時のアメリカのオバマ政権は、アサド政権に対して、化学兵器を使用したら、それは「レッドラインだ」と言っていた。アサド政権への攻撃も辞さないと表明していたのだ。

しかし、実際にはオバマ政権はこのような攻撃があったのに、本格的な介入はしなかった。アサド政権は化学兵器を使ったのは、自分たちではなく反体制派や過激派の仕業だとした。その後も各地で化学兵器を用いた攻撃は行われた。

誰がどのように行ったかについての調査は、アメリカとロシアなどが公平性と独立性をめぐり対立し、進んでいない。

化学兵器禁止機関（ＯＰＣＷ）と国連が行なった調査では、二〇二〇年の時点で、二例についてはシリア空軍が行ったと結論づけている。

自由に動き回れるのは今日で最後だ。

すでに夕方五時。行くなら、今行くと決断せねばならない。よし、行こう。

グータも広い地域なので、比較的近い地区「ザマルカ」に行くことにした。どんなところかはわからないが行けばどうにかなるだろう。


つかまえたタクシーはなかなかボロボロで、運転手はメガネをかけたかっぷくのいいお兄さんだった。

「ザマルカまで何をしに行くの？」

早速探りにかかられた。まあ普通は聞くだろう。

「友達に会う」

「そこに友達が住んでいるの？」

「……」

急に不安になってきた。そもそもザマルカは、人が住めるようなところなのだろうか。

もし、全然そんな環境ではなかったらどうしよう。というか、友達がいるという明らかなウソがバレることになる。あるいは、ザマルカに友人がいること、イコール反体制派の人に会いに行くと思われるのだろうか。

まずもって、安全なところなのか。タクシーから降りるのが無理だと感じたら、友達の予定が変わったとか、場所を間違えたとか言ってそのまま帰ろう。私は監視付きの外国人なのだ。悪いことは起きないだろう。監視という、懸念材料が安心材料となる逆転した状態だ。

郊外へ向かう道を進む。私の緊張をよそに、何事もなく二つの検問を通り、郊外へと車は走っていく。あるいは私に声をかけないだけで、「怪しい外国人が来た」と報告しているのかもしれない。泳がせて行動を観察するというやつだ。

二つ目の検問所を通り過ぎた後、なぜそこに検問所があるのか、意味がすぐにわかった。突如として、建物の亡霊のような景色が現れたからだ。現れる建物がみなコンクリの柱だけのむき出しになっていた。劇的な変わりようだった。見える光景すべてが廃墟なのである。ホムスのあの廃墟の数十倍もの広さがある。まったく私はシリアの何を見ていたのだろうか。こんな破壊が首都のすぐそこで起きていたのだ。

ここまで来たのだから記録をせねば。

窓からスマホで撮影する。廃墟の映像を撮る外国人という存在は、印象悪いだろうなと思っていたら、運転手が聞いてきた。

「シリアは長いの？　こっちに住んでいるの？」

面倒だなと思いつつ、すでに感じが悪いことをしているのに、無視すればさらに感じが悪いと思い、

「うーんと、ちょっと訪問滞在です。最近来たばかりです」

「ハハハハ！　訪問で来て、それで戦争の写真撮っているの！　ハハハ！」

返す言葉がない。「訪問」というアラビア語には「観光」というような響きもある。「戦争観光

グータの破壊

旅行」をしていると見えたのだろう。というかその通りなのだが。もうすでに気を悪くさせてしまったのだから撮り続けたほうがいい。

人っ子ひとりいない、無人の地区だった。ここも生き物の気配が全くない。とても静かで、色が建物の白と空の色しかないのだ。

タクシーは再び人の住む地区に入った。スマホで位置情報を見るとザマルカ地区だった。ホッとする。アサド大統領の顔が描かれた看板があちこちに設置されている。

「ここだよ」

車を降りようとするが、人通りが少ないことが気になる。ここから私はダマスカス中心街に帰れるのか。

「このあたりでタクシー拾えますかね？」

検問所後に見えた光景

「あるある。ほらあそこにも！」

こういう時、運転手は値段を高く設定して「待っててあげる」と売り込みをするが、彼はそんなことも言ってくれない。よほど私ともう関わりたくないのか、あるいは親切なのか。

「アラビア語うまいじゃん！」

降りる際に、お兄さんは言ってくれた。嫌な気分にさせたとは思うが、そんな声をかけてくれたことがせめてもの救いだ。

このあたりの建物は、それほど破壊されていない。ピザ屋や雑貨屋もある。とりあえず、グーグルマップで事前に確認していたモスクまで行ってみることにした。八百屋で野菜を買う女性たちもいる。空気がどうも重苦しいが、日常を営もうとしている雰囲気はある。しかし、どことなく人々はお互いの視線を気にするような、暗さがあった。

家路につく人の中から、黄色いTシャツを着た八、九歳くらいの女の子が満面の笑みを浮かべて走ってきた。

「コーリーエ（韓国人）？　どこの人？」

目をキラキラさせて聞いてきた。警戒心だらけの地区だと思っていたのに、こんな無防備に尋ねられてびっくりしてしまった。

「日本だよ」

「うわ〜！」と言ってまた笑い、「じゃーね」と言って走り去っていった。

「コーリーエだったよ！」

と周りの大人に言っているのが聞こえたので「あれ、わかってなかったのか」と思うが、まあ細かいことはいい。おそらくBTSか何かのファンなのだろう。こんな地区でも流行っているのかと思う。でも、あの女の子は年齢からして、戦争で疲弊したシリアしかきっと知らないのだろう。

少し歩くと、目的のモスクが見えてきた。戦闘で壊されたところを直している最中だった。しかし、何よりも衝撃だったのはモスクにだらりと垂れ下げ

ザマルカ地区の通り

られた大きな幕だった。またアサド大統領だ。

こうやって、支配者は自分に歯向かった地域を掌握していくのかもしれない。このグータあたりは反体制派が多く集まっていた地区だった。グーグルマップのこのモスクのレビューには、政権を罵る言葉「アサドに裁きがありますように」が書かれていた。実際のザマルカでは、「いいか、支配者は私だ」と君臨している。人々に毎日、自分の存在を刷り込んでいくのだ。

何かここに来た理由がほしいと思い、お菓子を買って帰ることにする。

帰りのタクシーは意外とあっさり見つかっ

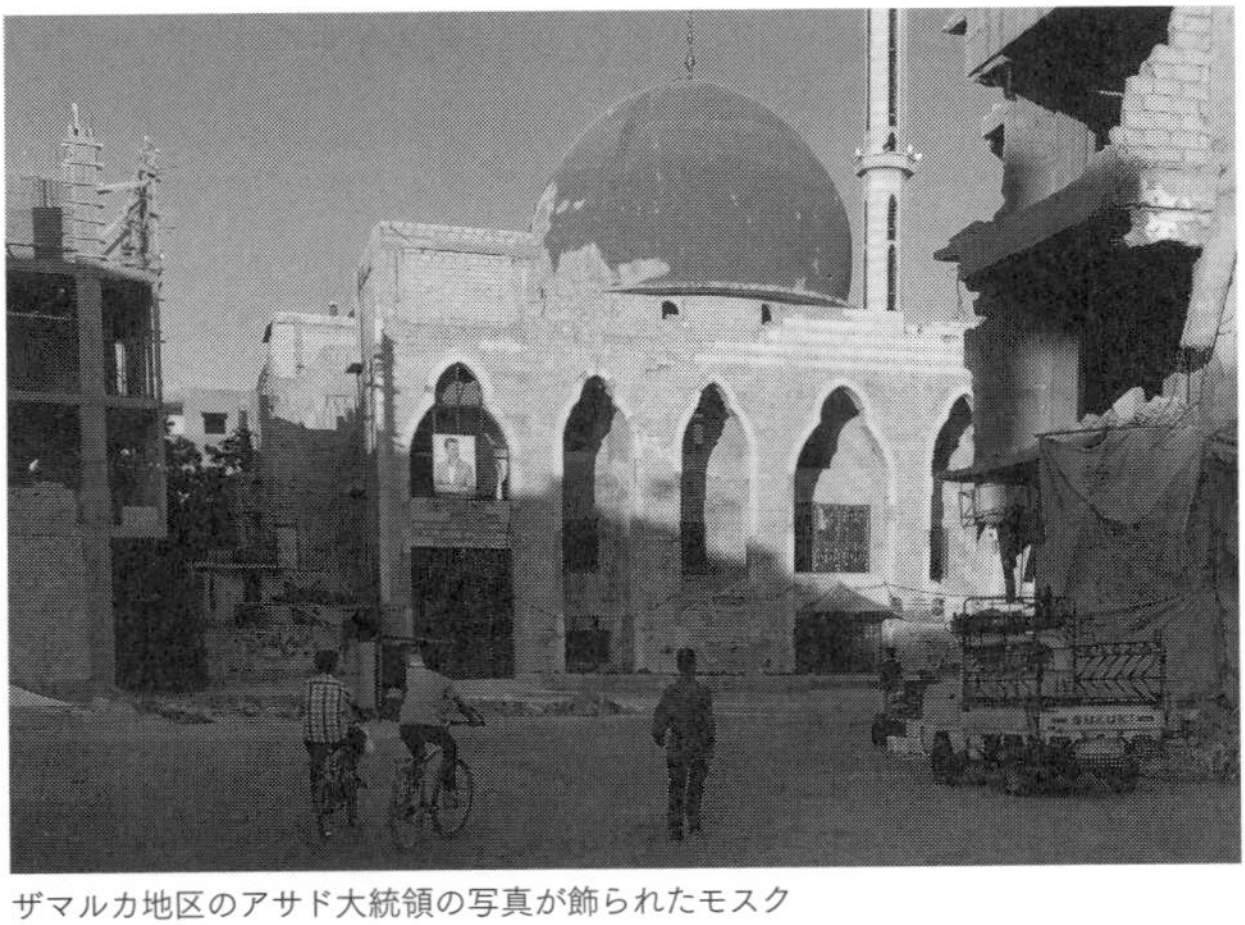

ザマルカ地区のアサド大統領の写真が飾られたモスク

た。運転手は細い目のキリッとしたお兄さんだった。

また話しかけられた。

「こんなところで何しているの？」

「えと、訪問です」

「どこに滞在しているの？」

「旧市街のホテルです」

このお兄さんは爽やかな雰囲気だった。いつくかの質問に答えたので、今度は私も質問してみる。

「お兄さんはここの地区の人？」

「出身は別の地区だけれど、今はこっちに住んでいるんだよ」

お兄さんはまだ私の話に納得できないようで、

「でも、こんなところにわざわざ来るなんて変わっているね」

「……別に。お菓子を買いたくて」

答えながら廃墟の写真を再び撮る。その様子を見たお兄さんが言う。

「もう一回、車を回そうか？」

どきりとした。このお兄さんは私に廃墟の写真を撮ってほしいのか、ただ親切なのか、あるいはイエスと言うかどうかで、私がこの廃墟にこだわる人物かを試しているのか。

「大丈夫」と答える。

お兄さんは、

「こういうの、珍しいんだ」

と言う。私がスパイであろうと観光客であろうといい気はしないだろう。

「ごめんなさい、あなたたちはここに住んでいるのに。写真を撮るのはよくないとはわかっているんですが」

そう答えると、お兄さんはそれ以上は言ってこなかった。

「いつ頃からこんな破壊があるのですか？」

私は、具体的な破壊の年について聞いたつもりだったが、

「知っている？　シリアは二〇一一年から戦争しているんだよ」

と返事した。さすがにそれは知っているが、そこまで知らない外国人と思われたのだろ

うか。

お兄さんは話してもよいと思ったのか、

「ここは＊＊地区だよ」

と教えてくれた。マーゼンが住んでいたと言った地区だった。そこも廃墟ばかりだった。

彼の家はここにあったのだ。反体制派に地下に穴を掘られたと言っていたけれど、政府の爆撃にもあったということだ。

あとで調べると、最初は自由シリア軍がこのあたりでアサド政権を相手に抵抗を続け、その後、地縁、血縁、サウジアラビアの支援を受けたイスラム的な「イスラム軍」が力を持っていった。首都から目と鼻の先で、反体制派が実効支配し、戦闘が行われていた。二〇一六年にロシア軍が大規模な爆撃を始め、二〇一八年に政府の支配下になった。

桜木武史さんの『シリア　戦場からの声』（アルファーベータブックス）という本にこの初期の東グータのことは詳しく書かれている。

お兄さんは続けた。

「二〇一一年から戦争しているんだよ。だけどね『なんで喧嘩しているのか？』　それが僕にはわからないのさ！」

あきれたような、突き放そうとするような言い方をした。本当に事態がわからないと思って言っているのか。それとも言いたくないから、わからないふりをしているのか。その両方なのかもしれない。

その後、お兄さんは話題を変えた。

「日本人は頭いいよね」

中東で何度も言われる褒め言葉だ。こちらの人は持ち上げ上手だ。

お兄さんは笑いながら続けた。

「ぼくはね、日本人みたいに勤勉になって日本で将来勉強しなさいと親に言われて、ずっと電気の勉強をしていたんだよ。でも、結局はタクシードライバーやっているんだけどね。電気関係の仕事は少ないんだ。好きなんだけどね」

戦争は個人の人生を否応なしに力づくで変える。十五分のドライブは終わった。旧市街地の近くで車を降りた。

十六　最後の会話

翌朝、マーゼンが約束の時間の十五分前にホテルに現れた。彼はいつも時間厳守だ。なんとなく、彼の表情がこわばっている気がした。私が昨日どこに行ったのか、全部知っているのかもしれないという気がした。マーゼンがかつて住んでいた地区を通ったこともすべて。

「昨日は出かけたの？」

普通の質問も私を試しているように聞こえる。「変な外国人が歩いていた」と通報がすでにあったのかもしれない。

「いろいろ歩いたよー」

その答えは嘘ではない。マーゼンは詳細を問いただすこともできたかもしれないが、そうすれば私に監視が付いていたり、シリア政府が外国人を見張っていたりすることを認めることになってしまう。もう出ていく人間に、あえて聞くことまではしないのだろうか。

私が何を感じたかまでは踏み込んでこない。「思想の自由」というほど大きなことではないが、私に許された自由なスペース。もしこの国の国民、住民であったのなら、こうはいかないのだろう。疑われたら容赦無く、頭の中にまで踏み込んでこられるのかもしれない。

ダマスカスの町に別れを告げる。山々を眺めながら、レバノン国境まで新しい運転手と向かう。

昨日、マーゼンは「明日になったら、面白い話を教えてあげる」と言っていた。私が大学で何を勉強していたかを聞かれたので、「ナチス・ドイツの時代のこと」と簡単に説明していた。

「昨日言っていた話って何？」

改めて尋ねると、マーゼンは「それそれ」と言うように人差し指を立ててこう言った。

「よく思い出させてくれたね。ナチス・ドイツの高官たちは、戦後、アルゼンチンやエジプトにたくさん逃げたことは知っているかな」

そこまではよく知られている話だ。ユダヤ人を迫害していたナチスは戦争に負けたことで、今度は迫われる立場になった。ユダヤ人が作った国、イスラエルの政府は、必死になってナチスの高官を全世界で探し始めた。

「そのうちの一人にアロイス・ブルンナーという人がいた。この人はイスラエルの手から逃れるためにシリアへやって来た。彼はシリアにいる間に、刑務所の管理方法をシリア政府に教えたんだ」

私は頭を超高速回転させた。この人について、いくつか記事を読んだことがある。たしか、ナチス・ドイツの親衛隊の幹部で、ナチスの収容所で働いて、ユダヤ人虐殺にも深く関わった人物だ。戦争に負けてからは、他の人同様、イスラエル政府の追求の手を逃れるために各地で逃亡生活をしていた。そして最終的にはシリア政府に匿われることになった。

背景にあるのは、シリア政府はパレスチナ問題を巡ってイスラエル政府と敵対関係にあることだ。ナチス関係者を匿うのは、敵の敵は味方という論法による。シリア政府がナチス・ドイツの政権に好意的だったとかそういう話なのではなく、パレスチナ問題をめぐってイスラエルとは対立していたからだ。

だが匿うからには、シリア政府もそれなりのメリットがほしい。そこでナチスの収容所を知るブルンナーから、ナチス直伝の人々の拷問の仕方や刑務所の管理方法を教わったというのだ。

マーゼンのこの話に、知らずに驚いたふりをしようかと迷ったが、正直に言うことにした。

「その話、聞いたことあると思う」

マーゼンは「そう?」と言うように眉を動かすと、スマホで検索したブルンナーの写真を見せてくれた。今度は私が確認する。

「つまりナチス流の刑務所の運営方法を教えたってこと?」

目で返事するマーゼン。彼が、

「知ってた?」

と聞くので、私も目で返事する。マーゼンは「そうなんだよ」と言うようにまた目をキラリとさせて語った。

なぜ、マーゼンはわざわざ私にこの話をしたのか。

この目配せは「私もシリア政府が酷いということをわかっているよ」という意味でとっていいのだろうか。

「ナチス」といえば悪者の代名詞みたいなものだ。アラブ人の中には、イスラエル憎しの感情から「ホロコーストなんてなかった」説を信じる人もいるにはいる。でもナチスを賛美する声は聞かない。アーリア人優位を唱えるのだから、反りが合うわけない。その悪者とシリア政府との関係をわざわざ話すというのは、マーゼンなりの何かのメッセージなのか。

もう一つ疑問があった。マーゼンはこのナチスの話を昨日ではなく、今日した。昨日と今日の一番の違いは何か。運転手のフィデーがいるかいないか、だ。フィデーがいないところで言いたかった。つまりフィデーこそが真打？　政権に送り込まれた監視員か。

私は実は、フィデーはアラウィ派ではないかと考えていた。車の中ではアラウィ派の話をしたがらなかったマーゼンの様子とも繋がるし、フィデーはラタキアにいる時が一番、楽しそうだった。宗派は関係なく人々は友達関係を結ぶとしても、宗派の利害関係はいまだに強いはず。

一方で、これとは全く違う可能性もあった。

この話はすべて、私の本音を探るための「しかけ」だったのかもしれない。怪しいと思った人間の意図を探るために、仲間のふりをするのだ。

以前、聞いた話では、タクシーの運転手や隣に座ったカフェの客と一緒になって政府の悪口を言っていたら、翌日、その人物が自分を取り締まる政府側の人間として現れた、なんてこともあったそうだ。

一体何がマーゼンの本当の意図だったのか。

シリアからレバノンへの入国は、問題なく行われた。お別れは意外とあっさりとしたものだった。

「いろいろ教えてくれてどうもありがとう!」

そう伝えてみたが、マーゼンはもう、明日くる別の外国人客のことで頭がいっぱいのようだった。

入国審査を終えレバノン側に入る。運転手と私だけになった車は、レバノンの土地を移動する。しばらく走ると、たくさんのテントが道沿いに建てられているのが見えた。シリアに帰れない難民たちの家だ。

彼らがシリアに帰れない理由は何か。

十日間見てきたシリアが美しかったことに変わりはない。でも何か魂を抜かれてしまったような、そんな場所のように記憶の中で見えてきた。

第七章
深い哀しみと静かな怒り

十七　レバノンで話すホムスの記憶

レバノンに戻ってきて最初にしたのは、ホムスのワエル地区出身のオマルに連絡することだった。

シリアに行ってきたばかりだと伝えると、即座に、「会おう！」と言ってくれた。

ベイルート市内のちょっといいレストランに、オマルを誘った。

「元気だった？　どうしてた？　会いたかったよ。家族は元気？」

中東の人のお決まりの挨拶と質問の連続で、久しぶりの再会を喜んでくれる。

一通り簡単な近況を話した後、オマルは言った。

「今回のレバノンの滞在目的は何？」

いよいよ本題だ。

「レバノンに来る前にシリアに行ったんだ。観光としてだけど。いろいろ見ることができたけど、シリア政府について人々がどう考えているのかわからなかった。それをレバノンでちゃんと知りたい」

何を見たか、何を感じたかを正直に話した。じっと目を見ながら、オマルは話を聞いてくれた。私が話し終わると彼は言った。

「オーケー。僕が教えてあげる。具体的に何を知りたい？」

彼は本気モードになったのである。

初めの質問はこうしてみた。

「シリアの人は政治について話したがらないと感じたよ。例えばバッシャール・アサド大統領についてどう思っているかも言わないし」

私自身が質問を控えていたからでもあるが、話したがらない雰囲気は感じた。アサド一族の人物の看板を街中で見かけた時、わざと「誰ですか？」と聞いたことがあった。「弟だよ」とだけ返事があり、言葉少なに答えていた。その人物は軍のある部隊のトップで、密輸ビジネスに関わっているとされる。実はオマルにも、私は直球でアサドを支持するか質問したことはなかったし、彼もこれまで言わなかった。

しかし、この日の彼は違った。

「オーケー。なぜ話さないのか。それはね、怖いからだよ。みんな怖がっている。恐れているからだよ」

あえてこう尋ねてみた。

「アサドの写真が街中にあるよね？　みんな好きじゃないの？」

先代の大統領であるハフェズ・アサドの父の写真と合わせて、バッシャール・アサドの写真があちこちにあった。

「はっ！　アサドが好きな人なんて一人もいないよ！」

「でも一部の人は本当に支持してるよね？」

「支持者なんていないよ！」

アサドが嫌いだとはっきりと言う人に会って私はようやく、「ああレバノンっていいな」と感じた。アサド大統領を支持すると言う人に会ったこともある。だが「嫌いだ」と言う人、そう発言することさえ恐れる人ははるかにたくさんいるのだ。

今度はオマルが私に尋ねた。

「シリアで何を見たかもっと教えてよ」

ここまできたら、彼に言うしかない。

「ホムスのワエル地区にも行ったよ」

「それ僕が住んでいたところ！」

目を輝かせてオマルが言った。

「うん、だから行ったんだよ。あなたが話してくれたから」

そう答えた直後、オマルの目が潤み始めたのがわかった。一気に故郷への想いが湧き上がってきたのだろう。普段は考えないように、思い出しすぎないようにしているのかもしれない。なのに、目の前の私がそこに行ったのだ。一番、帰りたい、行きたいはずのオマルが行けず、私が行ったことに罪悪感を覚えた。

「ワエルのどこに行ったのか教えてよ」

オマルは明るく言った。少し迷ったがこう聞いてみた。

「写真見る？」

「見たい！」

最初、オマルは私のスマホで懐かしそうに写真を見ていた。

「あー、この建物のとなりにはガソリンスタンドがあったのを見てない？　ここで爆発があったんだ。僕が初めて経験した爆発だったよ」

またこうも言った。

「ここの通りは、政府側のスナイパーが攻撃していたところ。走ってここを通った」

モスクの写真を見てこう話してくれた。

「お祈りをしているところに武装した人たちが入ってきて、発砲したことがあった。たくさん殺されたんだ」

一つ一つの写真を見ながら話をしてくれ

オマルが見ていたモスクの写真

た。そしてこう二、三度言った。

「行くって教えてくれたらよかったのに。僕の家族はまだここに住んでいるんだよ。知っている人がいて、案内してもらって回るのとはぜんぜん違うからね」

胸がずきりとした。迷惑をかけたくないと黙っていたけれども、黙って行かれることのほうが彼には辛いことだったのだろうか。

「私は外国人だし、あなたの家族と会って迷惑かけたり、何か起きたらよくないから言わなかったんだ」

「大丈夫だよ。僕の父親は政府関係の仕事もしているしね」

「強い地位にあるということ？」

「シリアでは誰も強い人はいない。みんな弱い。でもどうやって生き延びるか、すり抜けるかはよく知っているからね」

オマルは、すり抜ける様子を手をくねくね蛇みたいに動かしてみせた。

拡大したりしながら写真を見ていたオマルだったが、一つの動画のところで突然静かになった。ワエルの様子は基本的には写真ばかりだったのだが、一箇所だけ交差点のあたりを十五秒ほどの映像を撮っていた。

オマルは顔が見えないほど俯いたまま、スマホの中に入り込んでしまいそうにしていた。彼は泣いていたのだ。黙ったまま再び再生し、何度も何度も見ていた。

オマルのずっと抑えていた恋しい気持ち、行きたい気持ち、会いたい気持ちが抑えきれずに出てきたのだろう。その顔を見るのが私も辛くて、一緒に黙って下を向いていた。

「あー、ダメだね……。そうだ、この動画のこっち側に大きな立て看板みたいなの建ってなかった？」

私ははっきりとは覚えていなかったのだが、「うん、そうだった気がする」と答えた。普通なら特に注意を払わないそんなものがすべて懐かしく、愛おしくなるのだろう。

少し落ち着いたオマルは、次の写真に移った。

「これは友達の家でしょ、それから学校！　これは僕が通っていた学校だよ！」

私の予想は当たっていたようだった。

「あれ、待って、これ、これ僕の家だよ！　僕の家が写っている！」

いくつも並ぶ建物の一つを指差して言った。こんな近くにまで私は来ていたのか。

オマルも私も不思議な感動をしていた。写真自体は珍しいものではないのかもしれない。家族は今もそこに住んでいるのだし、頼めば撮影して送ってくれるだろう。

ただ一、二年前に目の前にいる人に伝えた話から、その話を頼りに自分の家の写真を見せられるという不思議な体験をしているのだ。自分は行けないその場所の。

途中、オマルは席を立った。なかなか戻ってこないので、自分は帰れないことに一人で泣いていたらどうしようかと想像したが、しばらくすると戻ってきた。電話をしていたのだという。

「ホムスに住んでいる姉と話していたんだ」

オマルが何度も繰り返し見ていた動画の一部

自分の感情をわかちあってくれる人に話したかったのだろう。

「そうだ、ちょっと僕の姉さんに電話してみてよ。日本のコロナウイルスの状況について話してみて！　日本ではまだマスクしている人ばかりなんでしょ。シリアと全然違うことを教えてあげて！　姉さんは英語もペラペラだし」

なんと無茶振りな。見ず知らずの日本人から急に電話があって、こんな話題で盛り上がれるのか。実際は、私と彼の姉が話せる機会を作りたい、オマルの粋な計らいだったのだろうが、あまりに設定が唐突すぎる。

シリア人のように話術のうまくない私は微妙なオチしかつけられず、コロナの話題を話し終えた。

かわりにお姉さんが話を振ってくれた。

「シリアに行ったんですか？」

「えっと、そうです。十日くらいいました」

「どうでしたか？」

電話でどこまでどう話していいかわからず、でも感じたままを言ってみた。

「変な感じでした。半分はシリアはとても綺麗だなと感じました。自然も歴史もあるし、人はとても優しいし、ご飯もおいしい。たくさんの人が出歩いていて、にぎわっている様子も見ました。でもあとの半分はたくさんの破壊跡でした。空っぽの地区もあって、人が少ししかいない場所もありました。それに人は政治のことを話すのを怖がっている感じがしました」

お姉さんは綺麗な英語で落ち着いて返してきた。

「そう、怖がっています。生活の不満を言うのはいいんです。電気がないとかそういうことは大丈夫。でも政治のことは話せません」

あらためてシリアに住んでいる人からはっきりと聞くと、より重く感じる。

生活の不満を話してもよいのは、ガス抜きでもあるのだろうし、たぶん外国政府の制裁のせいということができるからだろう。

会ったことのないお姉さんの姿を想像して考える。

ホムスでは綺麗なヒジャーブをした女性たちが、楽しそうに出歩く姿を見た。フルーツジュースを飲む人もいたし、水タバコを吸う人たちもいた。彼女たちがどういう背景の人たちなのかはわからない。でも、このお姉さんのように、兄弟を徴兵忌避で外国へ送り出さざるを得なかった人も、あるいはすでに徴兵にとられた人もいただろう。

あらためてオマルの考えについて聞いてみる。

「ヌスラ戦線もイスラム国も、ホムスにはいなかったよ。自由シリア軍も関係ない。ホムスでの運動は普通の人たちが担っていたんだ」

彼はイスラム過激派も、世俗的な反体制派の組織もなく、あくまでも人々の運動だったと説明したいようだった。事実としてどうだったかは、多くの反論があるだろう。当時、十代前半だった彼の目には、そう見えていたということだ。

オマルはこの日は、はっきりと政権に対する批判も言っていた。

「怖くないの？」

と聞くと、

「別に僕は怖くないよ。言わないと苦しい。黙っていると苦しい」

彼は基本的には明るく見せようとする人だ。

この日も、シリア滞在について話す前の雑談では、「戦争はシリア人を強くした」とあまりにも綺麗事に聞こえることを言うのでびっくりした。

でも同時にこうも言う。

「疲れたよ。本当に疲れた」

それから彼はこう表現した。

「シリア人であることはとても『安い』。自分の友達はリビアに傭兵として行った。月三百ドルの給料のために。それからロシアに行った知り合いがいる。前はレバノンにいたけれども、仕事がなくてシリアに戻って、それでロシアとウクライナの戦争で、ロシア側の傭兵になった。月給千ドルで六ヶ月。でもお金は任務が終わるまでもらえない。途中で死んだら払われないままかもしれない。

ね、シリア人であることはとても安いんだよ。なぜ安いのか。権利がないから。シリア人であるということだけで、いろんなことが塞がれていく。一つ乗り越えたと思ったら、また別の違う壁が立ちはだかるんだ」

私はただ聞くしかできなかった。

十八　刑務所の生き残り

最後にレバノンで出会ったこの人物について書いておきたい。名前も個人情報も伏せたままにしておく。それが話を聞く条件だったし、私も彼を危険にさらしたくはない。

彼はシリアのことを書くにあたって、まずもって彼のような存在を抜きには語れないと思う。彼はシリアの刑務所で拷問を受けた生き残りだ。三十代で私ともそれほど年の離れていない彼。二〇一一年から二〇二〇年までの九年間刑務所にいた。二〇一一年といえば東日本大震災が起きた年で、その後、私は就職し、ＡＤをし、テレビの番組を作り、決心してフリーランスになり、中東の国に移住してアラビア語を覚えたりした。新しいことがたくさんあった。その間、彼はずっと刑務所にいたのだ。

彼の名前は仮に「アハマド」としておこう。

戦争が始まる前はホムスで、工場管理者の仕事につく普通の若者だった。

最初に会った時は、大柄な風貌に似合わず、怯えた目をしていた。

「自分の体験と、自分の意見を言いたいと思う」

そう言って彼は話し始めた。

「僕の出身はホムスさ。ルーツとしてはパレスチナ人だ。おばあさんはアルメニア人。親戚にはキリスト教徒の女性と結婚した人も何人かいる。

革命が始まって、ホムスの時計台に人々が集まった時には、みんな平和的だったし、どうしたら改革できるか議論しようとしていた。でもその日の夜、シリア軍は銃撃を始めた。僕は当時、家にいたんだけれど、裸足で外を見に行った。教会やモスクが献血を呼びかけていた。でも、政権側は負傷者を病院で誘拐していたから、医者たちは患者を自宅に隠そうとしていた。大勢の行方不明者が出たんだ」

この事態に人々は抗議をやめるのではなく、むしろさらに手をつくして抗議を行おうとした。

「大勢で一箇所に集まるのはやめて、安全のために地区ごとにデモをするようになった。でも、政府メディアはこれを『宗教宗派の運動だ』と報じた。そういう理由でわかれたんじゃないのに、報道を信じたマイノリティは運動を怖がるようになってしまった」

軍や政府の暴力は日増しに強くなっていたそうだ。検問を作り、武器がないかを調べ、誘拐も行ったという。

「友人の家の話をしよう。その友人を探しに警察が彼の家に来た。彼を見つけられなかったかわりに姉妹を連れていった。そのあと、彼女はテレビのニュースで喋らされていた。『デモ参加者に暴力を振るわれそうになったから警察に保護された』と話していた。でも、彼女は証言を強制されていたんだ。家族は遺体となった彼女を引き取ることになった。拷問され、レイプもされていた」

ここまで話してからアハマドは私たちに謝った。

「話している時に僕、あちこち見てしまっているでしょ。ごめん。誰がどこで聞いているかわからないから癖で見てしまうんだ」

確かに彼は話している時、終始、視線をいろんな方向に向けていた。我々はカフェで話を聞いていたのだが、ウェイターが通ると目で追い、椅子の後ろに人が近づくとびくりとして振り返った。釈放されたとはいえ、どこで「秘密警察」が監視しているかわからない。今も彼はシリア政府の目を恐れていた。隣に会話が聞かれないよう、適度な騒音のある屋外カフェを選んだつもりだったが、十分ではなかった。

場所を変えようと何度も提案したが、アハマドは大丈夫と言い、話し続けた。

「ここからは自分のしたことを話す。当時、政権の発表するニュースとは違うフリーのメディアも出てくるようになった。僕もフェイスブックで書くようになった。友人とパネルディスカッションを開催したりもした。政府は経済とか日常のこと以外を、人々に考えさせないようにしていた。でも変化し始めていた。軍の中にも運動に賛成する人たちがいた。二〇一一年の間まではデモが広がるかどうかの戦いだったんだ」

しかし、国家の力は絶大だった。

「二〇一一年十二月に僕はホムスのババ・アムル地区でデモの段取りをするために二台の車でコンボイを組んで走っていた。普通の道を通らずに近道したり、茂みを走ったりもした。

しかし、途中で軍の車に止められてしまったんだ。囲まれていた。二台いたのに一台目の車ではなくて、自分のいた車が止められた。だから軍が探していたのは自分だと気付いた。手を挙げたけど、足を撃たれた。

軍は無線で連絡をとっていた。僕は目隠しをされて、後ろ手に縛られた。撃たれて怪我したところを、鉄の棒で集中的に叩かれた。その時考えていたのは、一緒の車にいた友人のことだった。彼を巻き込みたくはなかった。それで『彼のことは全然知らない。道で拾ったタクシーだ』と嘘を言った。友人にも聞こえるように大きい声で言ったんだ」

アハマドは車に乗せられて刑務所に連れていかれた。

「朝になると、裸にさせられ、ずっと叩かれていた。その間、尋問されたら何と答えるかをただ考えていたよ」

結局、五ヶ月間彼は一人で牢屋に入れられていた。二×一メートル四方の部屋で毎日叩かれていたという。

「私はパレスチナ人だから、『パレスチナ政府に送り込まれたのだろう』とも言われた。イエスと言えば、解放されると思って『イエス、イエス』と言っていた。

刑務所の担当者は私に、当時の婚約者へ電話をかけさせたりもした。その声を聞くのは辛かった。

それから知らない女性の悲鳴が近くの部屋から絶えず聞こえていた。声を聞きながら、レイプされて拷問されているのではないかと想像させられて恐ろしかった。別の隣の部屋の人と話すことができて、そうではないとわかった時には、本当にホッとした。

腕を縛られて、釣り上げられて叩かれることもあった。電気での拷問もあった。二〇ボルトの電気を流すんだ。それでもトイレに行く時間はあった。たった一分とか三十秒とかだけれども、少しの解放になるから。だからその日も『トイレに行きたい』と言ったんだ。別に本当に行きたかったわけじゃないけど、少しでも休めるならと思ってね。でも看守はトイレに行くのではなくて、バケツでするように言った。その中には水と電気のケーブルが入れてあった。何が起きるかわかっていた。私はそのまま気を失った」

彼は感電したのだ。

ここまで話してアハマドはこう言った。

「ねえ、本当にこの話を続けたい？　今日で全部、話を聞きたいと思っている？」

彼の今日の限界だった。

十九　サイドナヤでの日々

話は翌日、続けられた。アハマドの顔を見た途端、彼の頭の中は昨日の夜からずっと、二〇一一年のシリアの刑務所にあることがわかった。刑務所を出てから時間が経ち、ある程度の気持ちの安定を取り戻していたのに、今回の私のインタビューで一気に当時に引き戻されてしまったのだ。

いや、もしかすると彼の気持ちは、いつも行ったり来たりしていたのかもしれない。

席につき、落ち着くと彼はすぐに話を始めた。

「腕は縛られて、プラスチックのベルトが骨まで食い込んでいた。足の怪我には虫が涌いていた。拷問は彼らが楽しむためやっているようだった。食事を出すのも生かすためではなく、拷問を続けるため。鏡の破片で腕や胸も切りつけられた」

その傷跡を見せてくれた。Tシャツをめくると、胸や腹に縦の線が幾重にも入っていた。下腹部や下半身にもあるという。

アハマドは、ある「声明」をテレビカメラの前で読むように迫られていた。

「彼らは僕に、数人のシリア軍人を殺したという声明を読ませたがっていたよ」

政権に反対する人たちは残虐であることを印象づけるための、政府のプロパガンダだろう。

「僕は声明を拒否した。抵抗運動が続いて、革命が成功するところを見たかったから。でも、言えば解放される可能性もある。声明を言うことに同意した人たちは、互いに足にチェーンを結ばれて、目隠しされて刑務所を出て行った。酷いと思うでしょ? 僕には、それさえも希望だったんだ」

その後、刑務所を移動させられたり戻されたり、再び二ヶ月間拷問を受け、アハマドは決めた。

「僕は声明を言うことにしたんだ。盗みも殺人もしたと言うことにした」

撮影の日、アハマドは怪我や疲弊を隠すための化粧をさせられた。すでに台本があり、刑務所や政府メディアの人たちからは、「間違えずに言うことがお前と私たちのためだ。無駄な時間をとらせるな。失敗するたびに拷問する」と言われたという。

しかし、アハマドはわざと間違えた。台本では彼は「パレスチナ人だ」と言うことになっていた。政権側は「パレスチナ人のハーフが実行したテロ」という話にしようとしていたのだ。

「でも僕は『パレスチナ人である』とは言わず、理解していないふりをした。誘拐した、地雷を埋めたということだけ言ったよ」

声明を言うと決めたのに、なぜ彼はこんな相手を怒らせるような行動をとったのかと思った。やってもいない誘拐や殺人を認めることよりも、「パレスチナ人だ」と言うほうがずっと簡単なはずだ。

しかし、彼は出自の話にだけはされたくなかったのだ。宗派の問題だとアサド政権が見せようとした一方で、シリアの人たちの中には、自分たちは異なる宗派や出自でも仲良くやってきた、という自負がある。「悪いのはみんなパレスチナ人とか外部の人」というイメージを作りたい政府の思惑に、利用されたくなかったのだろう。アハマドが、「革命の成功を見たい」と言っていたように、完全に屈服したわけではなかった。譲れない一線があったのだ。

シリア政府は表向きは、親パレスチナを標榜しているが、実際には、パレスチナ人を信用していなかったり、存在を利用している側面もあるのだろう。

彼の必死の抵抗は、彼にとっては恐ろしい結果を生んだ。声明の撮影から二ヶ月経った頃、裁判所は『ビデオは十分ではない』と結論を出した。鎖を足につけられて、別の刑務所二ヶ所を経由し、そしてまたトラックで移動した。一時間くらいの道のりを走ったという。

アハマドは目隠しをされた状態で、到着した刑務所の作りをできるだけ把握しようとした。

「着いてから中に入るまでには、十分くらいかかったかな。まず階段を降りた。目隠しをはずされると、赤い帽子をかぶった軍人がいた」

当時の彼は、ある懸念を抱いていた。

「僕は軍人の姿を見てから『ここはサイドナヤ刑務所ではない。そうじゃない』と必死に自分に言い聞かせていた。そういう考えを拒否しようとした」

サイドナヤ刑務所。私がシリア滞在で一目見ようと車の窓から探していた刑務所だ。当時から人々の間では、恐ろしい刑務所としてよく知られていたのだ。

「その日は独房に入られて、翌日、僕は上の階に連れていかれた。ロータリーのようになっていた。そこから、それぞれの部屋に続く建物が三つくらい伸びていた」

中央に看守がいる場所があり、放射線状に三棟が続き全棟の監視ができるようになっている。近代の刑務所の形の一つでもある。

「刑務所の人間は、僕たち囚人のことをゴミ、バクテリア、ウィルスと言っていた。真ん中に立つ軍人がこう言った。

『神を知っているか？　お前たちは神を知らないだろう』

自分たち四人は彼の周りを走らされた。神だと崇める言葉を言わされ、馬の鞭で叩かれた。倒れると死ぬほど叩かれた。それからこう言ったよ。

『お前たちは今、巡礼中だ。私は神。お前たちの貞操を奪う』」

アハマドらは、軍人に別々の部屋に連れていかれた。

「私はそこで急所を酷く叩かれた。辱めを受けた。何度も叩かれた。血を吐いて、嘔吐するまで叩かれた。それで軍人は気持ち悪いから出ていけと言った。その時のことが原因で今、自分には生殖機能に問題があるんだ」

そこはサイドナヤ刑務所だったのだ。

次に会った時、アハマドは妻を連れてきた。

初対面の彼女は、ちょっと怖い顔で私を見ていた。大事な夫に苦しい思いをさせて話をさせているのが私なのだから、いい感情はないだろう。

でもアハマドにとっては、妻が隣にいることで安心できるようだった。彼は話す覚悟で今日も来ていた。

「性器や体からは出血していた。三棟はA・B・Cと名付けられ、Aは一番酷いと知られていた。僕はそこに入れられていた。鉄とコンクリートの建物だった。ほとんどの人が裸だったり、半分裸の状態だった。みな壁を見て立っていた。一つの部屋に七人いた。精神病の人もいた。誰もお互いに話さない。お互いを怖がっていたからね。時に看守たちはスパイを入れて、中で何が起きているか探ろうとしていた。

部屋で毎日、誰かが一人死ぬことになっていた。死ぬと別の誰かが入れられた。自分たちは番号を呼ばれる。呼ばれると死ぬということだった」

アハマドは、それでも運のよかったほうなのだろう。サイドナヤ刑務所に送られる人のほとんどは軍事的な罪だ。裁判すら受けられず死刑か長い懲役になる。しかし、彼は裁判を受けられることになった。

「着いたのは軍事法廷だった。五日間いた。検察官には『これまで話したことは嘘』『拷問されたから言った』と説明した」

私は、サイドナヤにいる時に、どんなことを考えていたか尋ねた。

「死について考えていた。いつ死んでしまうか。三ヶ月、サイドナヤにはいたけれども、刑務所に合計九年いた中で一番辛かった」

最終的にはサイドナヤではなく、ホムスの刑務所に戻された。

「ホムスの刑務所の所長は政権を支援する宗派（アラウィ派）で、アサド政権の強力な支持者だった」

刑務所にはイスラム過激派の人たちもおり、アハマドは、二十年、三十年も活動していた人たちと一緒にされたそうだ。彼らはまったく喋ることをしなかったという。

その後、雑居房に入れられたアハマドは他の囚人から歓迎された。彼の出自がパレスチナ人ということで、その境遇を思って応援しようとしてくれたのだ。シリア政府がパレスチナ問題を政治的に利用しているように見えるのとは別に、一般の人たちにはパレスチナの人々への同情や共感がある。

さらに彼には驚くべきことがあった。

「最初に話した時、デモに向かう途中で捕まって、友達をタクシー運転手だとして逃がそうとしたと言ったでしょ。その彼がいたんだ。『なんでいるんだ!』と尋ねたら、『デモに行った、と答えたんだ』と言うんだよ」

そこでその友人はアハマドを助けてくれたという。一つのシェルターに三百八十人から四百人くらいおり、寝る時は足と頭を交互にして寝る狭さだった。しかし、これまでの刑務所とは違って、食事はまだ恵まれており、秘密で携帯電話を持っている人もいたという。そういう案内もすべてこの友人がしてくれた。

刑務所に入れられて初めて、アハマドは父親に電話をした。

「父が電話に出たから急いで状況を説明したんだ。父は『母とも話して』と言ったけど、時間がないからといって切ったんだ。でもね、その直後にまた電話がかかってきたんだ。

間違いなく母だった。でも、かかってきた番号には出られないことになっている。誰からかかってくるかわからないからね。家族に違いないのに、僕はその電話に出られなかった」

この時、アハマドは当時の感情を思い出してか、少し泣いていた。隣の妻が言葉をかけていた。

この電話の三日後に、父親は友人を経由してお金をアハマドに届けた。そして刑務所の看守に賄賂を渡すなどして、携帯電話を買うことに成功する。

「携帯を手に入れてからは、僕は活動的になった。アラビア語のいろんなニュースを読むようになった。

いろんな活動も始めた。ラマダンの断食ができるように、医療を受けられるようにと刑務所に求めた。その後、騒ぎは大きくなり、囚人たちは建物を壊し始めたんだ」

当時のことはニュースにもなっていた。刑務所内で蜂起が起きたのだ。壁やドアを壊し、囚人たちは刑務所の屋根まで到達したという。

シリアの刑務所で蜂起して主導権を握るなんて、にわかには信じがたい話だが、実際にかなりの期間続いていたようなのだ。ただし、外に出れば簡単に射殺されてしまう。看守などが人質としてとれる刑務所内でのみ成功した蜂起なのである。アハマドはリーダー的な存在になっていた。

「知事や内務大臣や警察のトップも僕たちに会いに来たよ。『なぜこんなことをした？』と丁寧に聞かれた。僕は刑務所にいる二千八百人分の話をしていると言った。シェルター同士のアクセスを可能にして、訪問者を許可するように訴えた。この出来事は警察の力が弱いということを示すことになった。ただそれから、別の治安部隊が攻撃しにくるようになったけどね」

アハマドは自分自身の状況を客観的にも見ていた。

「一番の問題は、脳に受けた電気ショックだった。てんかんの症状があった。三十分記憶をなくしたりもした。それから坐骨神経痛。長い間立っていることができないんだ」

その後、父親が亡くなり、友人たちも刑務所を出て行った。アハマドは裁判所に行って、賄賂を使って出られることに力を注ぐことにした。

さまざまな手続きを経て、二〇二〇年春にアハマドは刑務所を出た。

「すべてが違って見えたよ。それから、裸足で、五年間同じ服を着ていたんだ。自分でも気持ち悪かったね」

親戚の家で過ごしながら、一年かけて準備し、レバノンに難民としてやってくることができた。

しかし、今でも問題はある。

「今は周りの人たちにどう溶け込めるかっていう問題がある。九年の間に好きだったものもわからなくなった。バイクが好きだったけれども、それがどういうことかわからなくなった。恐怖の感覚が今もあるんだ」

刑務所にいた自分を見る世間の目は厳しいと感じるそう。結婚もし、子どもを持つことができたが、十分に妻を養えないことが苦しいという。

「手を縛られているような状態さ。妻は働きたいとまで言っている。でも男である自分が働けず、妊娠している妻が働くというのはすごく辛い。今は刑務所の方が楽だったと感じる。自分は諦めたくないと思っているけれども」

あらためて彼の時間を考えてみる。九年の時間を彼は刑務所で過ごし、そして生き延びてきたのだ。失った九年。失うだけだったらまだよかったのかもしれない。酷い言い方だけれども。失うだけではなくて、自分を蝕んでくるのだ。その後遺症は続いている。

「今後のシリアについて何を国際社会に求める？」

との問いには、

「犯罪を犯した人がいる。それを認めてしまっているのが問題」

そう言った。

「私の国の政府もその一つです。ごめんなさい」

と謝ると、

「でも国とその国民は違うと僕は考えるから」

そうアハマドは言ってくれた。

彼は優しさから言ってくれたけれど、その政府を変える責任はある。彼はシリアで自らの力で政府を変えようとしたのだ。

おわりに

私の書いたこの記録だけでは、シリアのことはわからないと思う。書いた本人が言うのだからおかしな話なのだが、これはシリアについての一部の話にすぎない。シリアを描いたいろんな本や映画を読んで見てほしいと思う。戦火の中でどんな暮らしをしていたのか、人々が何を考えていたのか。異なる立場の人がそれぞれの思いを持ち、経験したことを。

このシリア・レバノン滞在の一年後に、再びホムス出身のオマルと会った。経済状態も悪く、家族のいないレバノンでの生活に彼は疲れ果てているようだった。その時、彼はこう語った。

「絶対にアサド政権を許すことはできない。あなただって自分の家族や友人を殺されたとして、数年経ったら犯人の罪が消えるなんて思わないでしょ。でもね、僕はもう普通に暮らしたいとも思う。政権のしたことは絶対に忘れないけど、もう普通に暮らさせてほしいと思う。自分たちは、親アサドと反アサドの間で翻弄されているんだ。疲れたよ」

この時、シリアで大使館が再開されるなど、シリア政府と各国の外交関係の正常化が進んでいた。憎いはずのアサド政権が、国際社会に認められる流れを彼はいいことだと考えていた。

自分が穏やかに暮らせる将来を、アサド政権に見出すしかないのだ。ただし、見出すといっても、徴兵忌避をした自分が国に戻れるのは十年先か、もっと先だと考えていた。わずかな可能性を、まだまだ先の時間に持ち越すしかないのだ。そう考えるしかないのは、彼にとって屈辱的なはずだ。しかし、その屈辱を飲み込むしかないと思っているのだ。

彼の言葉を私はただ聞くしかできなかった。

当たり前のことだが、その人の生きている場所で、経験すること、感じることは違う。シリアはとりわけ立場が複数あるように思う。そして、人は自分の経験したことから物事を理解する。

人は衣食住足りていれば幸せなのか。揃っていれば幸せの度合いは高まるだろう。でも、ただ生きているだけでは苦しいこともある。自分の尊厳を傷つけられ、屈辱を味あわされながら生きたくないと思う人たちがいる。

二〇一一年に戦争が始まった時、尊厳を取り戻すために、家族や大事な人たちのために、よりよい世界を残そうと戦うという人たちがいた。しかし、その後、同じ思いを持ち続ける人もいながら、他方、歯車が狂い、別の勢力に入った人もいただろう。またシリアを出ざるを得なくなった人もいる。

そして、アサド政権下で生き続ける人もいる。満足してる人もいるかもしれないし、単に去ることができなかった人もいる。さらなる混乱を避けるために、これがより「まし」な状況だとして、あるいは苦渋の選択として、今の政権下で生きることを選んだ人もいると思う。

私には、政権下のシリアで出会ったシリア人は、口数が少ないように見えた。気まずそうに言葉を濁す。あるいは何事もなかったかのように振る舞う。

国外のシリア人は、もう少し素直に話してくれている気がした。私の出会った中に限定されるが、どこかの勢力を強く支持しているという人は少なかった。アサド政権も、他のどの勢力も好きではない。アサドが残酷なことをしたことは百も承知だが、再び運動が起こり、政権が変わることを期待してもいない。八方塞がりの中を生きているようだった。直接、会うことはできていないが、アサド政権が退陣することを強く求め、運動を続ける人たちももちろんいる。犯罪を野放しにできないという考えもわかる。

しかし、「いろんな考えがある」なんていうぼんやりと、曖昧にして片付けられる話でもない。

「シリアの人自身が決めること」ということでもない。究極的にはそうだとは思う。でも、他人事としてみるには、もうすでに各国が関わり過ぎているし、何もしないということが、シリア人にとっては一つの関わり方なのだ。

シリアが何かを知りたいと思って始めたこの旅。楽しいこともたくさんあった。でも楽しいと感じると、楽しいほうではないシリアの側面が何百倍もあることを感じ、罪悪感を抱いた。

罪滅ぼしの一つとして、私はこれを書いている。

［参考文献・資料］

【文献】
青山弘之『膠着するシリア　トランプ政権は何をもたらしたか』東京外国語大学出版会、二〇二一年
――――『シリア情勢――終わらない人道危機』岩波書店、二〇一七年
黒木 英充編『シリア・レバノンを知るための64章』明石書店、二〇一三年
小泉悠『「帝国」ロシアの地政学（「勢力圏」で読むユーラシア戦略）』東京堂出版、二〇一九年
――――『現代ロシアの軍事戦略』筑摩書房、二〇二一年
小松由佳『人間の大地へ』集英社インターナショナル、二〇二〇年
桜木武史『シリア　戦場からの声』アルファベータブックス、二〇一六年
安武塔馬『シリア内戦』あっぷる出版社、二〇一八年
ジャニーン・ディ・ジョヴァンニ『シリアからの叫び』亜紀書房、二〇一七年
アムネスティー・インターナショナル「IT BREAKS THE HUMAN：TORTURE, DISEASE AND DEATH IN SYRIA'S PRISONS」二〇一六年

【映像】
フィリップ・ヴァン・レウ『シリアにて』二〇一七年
ワアド・アルカティーブ、エドワード・ワッツ『娘は戦場で生まれた』二〇一九年

桐島 滋（きりしま・しげる）

フリーライター。中東を中心に紛争などを抱えた地域のことを映像や文章にし、発表している。

わたしの旅ブックス

049

罪深きシリア観光旅行

2023年11月15日第1刷発行

著者――――――桐島 滋

デザイン――――松田行正＋杉本聖士（マツダオフィス）

編集――――――佐々木勇志（産業編集センター）

地図作成――――山本祥子（産業編集センター）

発行所―――――株式会社産業編集センター
〒112-0011
東京都文京区千石4-39-17
TEL 03-5395-6133FAX 03-5395-5320
https://www.shc.co.jp/book

印刷・製本 ―――株式会社シナノパブリッシングプレス

ISBN978-4-86311-386-2 C0026